A SABEDORIA DO TARÔ

ELISABETH HAICH

A SABEDORIA DO TARÔ

Prefácio
EWALT KLIEMKE

Tradução
ZILDA HUTCHINSON SCHILD

EDITORA PENSAMENTO
São Paulo

Título do original:
Tarot
Die zweiundzwanzig Bewubtseinsstufen des Menschen

Copyright © by Drei-Eichen-Verlag

Edição
2-3-4-5-6-7-8-9-10

Ano
92-93-94-95

Direitos de tradução para a língua portuguesa
adquiridos com exclusividade pela
EDITORA PENSAMENTO LTDA.
Rua Dr. Mário Vicente, 374 - 04270 - São Paulo, SP - Fone: 272-1399
que se reserva a propriedade literária desta tradução.

Impresso em nossas oficinas gráficas.

Sumário

Prefácio 7
Preâmbulo 11
O Que é "Tarô"? 13
O Mago 23
A Grande Sacerdotisa 29
A Rainha 33
O Rei 37
O Grande Sacerdote 43
A Encruzilhada 47
O Carro 51
A Justiça 57
O Eremita 61
A Roda do Destino 67
A Força 73
O Enforcado 77
A Morte 83
O Equilíbrio 89
O Diabo 93
A Torre Atingida por um Raio 99
As Estrelas 105
A Lua 109
O Sol 115
O Julgamento 119
O Bobo 125
O Mundo 131
Conclusão 135

Prefácio

Saudamos este livro sobre o tarô com grande entusiasmo e aprovação. Ele foi escrito com uma consciência plena de vida, com uma visão profundamente imaginativa, daquelas que percebem os padrões sempre em renovação da experiência imediata — quer se trate de uma flor, de uma árvore em botão ou de um pássaro —, com tal sensação de vitalidade, com uma percepção tão acurada que penetra até o âmago da alma; a pessoa que faz a experiência capta a eternidade no que é efêmero, compreendendo a presença de uma força modeladora transcendental nas configurações espaciais. Ela nos ensina como nos integrarmos melhor na vida em toda a sua variedade concreta de situações. De etapa em etapa aprendemos a melhor maneira de exercitar nossos poderes de visualização de imagens e de interpretação de símbolos, até que as configurações das cartas despertem a força intuitiva da nossa própria alma.

O espírito que nos fala através dessas cartas tão antigas está arraigado no passado remoto do esoterismo egípcio. E cada alma que o redespertar para a vida poderá ver no espelho imutável da vida humana as sutis vibrações do passado remoto no eterno presente. Isso sempre foi e sempre será assim: uma imagem das correlações e ligações entre o que "foi", o que "é" e o que "ainda será". No espelho da vida, tudo o que parece estar indissoluvelmente ligado nas profundezas será separado. Recomeçando sempre outra vez, o indivíduo depende do seu conhecimento e da própria coragem para encontrar o caminho no labirinto do seu destino, constituído pelos entrelaçamentos do passado, do presente e do futuro que ele mesmo teceu. Aqui o fio de Ariadne lhe é apresentado.

A palavra-chave é integração: tornar-se inteiro, tornar-se sadio e tornar-se um — e isso significa: integrar-se, fazer-se são e unir, pois só assim podemos participar dessa integração. Na medida em que contemplamos as correspondências entre o homem e o seu destino nas cartas do tarô, obtemos uma profunda experiência e uma interiorização de vida que nos atingem através dos símbolos e que exigem de nós uma reação. Conseguimos reagir com a ajuda do "olho de artista" que enxerga com toda a clareza e verdade, por meio da inspiração religiosa e ética e, portanto, através da exposição pedagógica que nos eleva passo a passo.

Viver os símbolos ou ser afetado por eles é a mesma coisa. Significa comover-se e elevar-se das profundezas de nossa condição de seres humanos. O apelo dos símbolos insufla os homens com a força proveniente dos centros mais elevados do espírito transcendental que ajuda toda criatura e todo homem, embora esteja acima do nível da experiência consciente. Os símbolos renovam o poder criativo do homem se este lhes responder de forma acertada em seu Eu interior (este livro mostra como). Os símbolos são os centros geradores de energia do poder espiritual que impregna toda a vida mas é inerente ao homem. A pessoa que não souber responder em seu íntimo às urgentes perguntas da esfinge, cai nas profundezas do abismo do subconsciente.

Com a lucidez característica de seus dotes artísticos e criativos, a autora nos revela os níveis correspondentes da consciência humana, com a ajuda das vinte e duas cartas. Da maneira como interpreta as cartas do tarô, estas são um espelho em que o indivíduo pode ver o lugar que ocupa na escada rumo à perfeição humana, ou o lugar de alguém de quem gosta, quer se trate de um homem ou de uma mulher. A sabedoria de Ezequiel, que também é a de Orígenes, denomina de homem verdadeiro aquele que no seu íntimo está unido ao gênio da humanidade, o Eu eterno — diferente daquele que simplesmente nasceu — o homem divino que nasceu "homem-humano". Todos nascemos homens, mas nem todos chegamos a ser homens humanos; somos homens em potencial se formos bons e piedosos, diz Orígenes. O verdadeiro homem composto de sua forma exterior e interior, constitui o "homem-humano" assim que renovar ou reintegrar a imagem de Deus em si mesmo.

E é esse conhecimento e integração que obtemos com a compreensão correta do tarô. A linguagem da nossa interpretação das cartas é simples e tem o timbre dinâmico da língua húngara, pátria da autora, seus exemplos são de tal pureza e naturalidade primordiais que pessoas de todas as idades e graus de maturidade, tanto os principiantes como os mais experientes, podem obter ajuda ao longo do caminho que percorrem. Onde quer que o indivíduo se tenha unido ao seu gênio no caminho da unificação, ele descobrirá que os símbolos tão apropriadamente apresentados lhe são úteis se deixar que eles atuem em si mesmo durante uma tranqüila contemplação; depois basta seguir a agitação que causam nas profundezas da sua alma, que os interpreta com suas próprias palavras e imagens, liberando as forças vitais adormecidas.

A alma pensa por meio de imagens. A alma vive das imagens. A alma se nutre com o fluxo constante das imagens. A alma e suas imagens são alimentadas desde o início com as experiências da humanidade. Não há como conceituar as imagens perturbadoras que estão profundamente arraigadas na alma e que agora surgem à tona. A intuição experimenta e reconhece nas vívidas imagens alegóricas o que sentiu através da luz interior. O leitor atravessa por meio destas páginas vários setores da vida. O simbolismo dos sons, dos ritmos, das cores e das formas da vida se revelam a nós; o reino dos elementos, das plantas, das rochas e dos animais se revelam diante de nossos olhos e o reino humano e sua condição são tornados visíveis. É assim que a alma antiga da humanidade fala através da boca do espírito moderno e prova que é eternamente jovem, que está continuamente no limiar de novos milagres, que sempre vive outra vez no inesgotável calor que envolve todas as criaturas. Pois a alma humana, tal como a alma do indivíduo, só vive se amar. Uma vida inspirada nunca se imobiliza na monotonia estéril da mecânica. Ela se reaviva sempre outra vez, inspirada por um espírito, que com suas vibrações reveste de amor tudo aquilo em que tocar.

Portanto, este livro também atinge camadas ocultas da alma e desperta nelas a vida que, caso contrário, permaneceria adormecida, perdida no inconsciente. Ele abre nosso espaço interior e os conteúdos da alma passam a fluir em nós, o que nas gerações que nos precederam acontecia apenas com uns poucos indivíduos. Através das imagens, podemos percorrer uma região de ser que nos atrai, nutre e carrega com a sua energia. Pois, concentrando-se num objeto, o sujeito se torna um canal para as energias do objeto; há uma vibração simpática entre o sujeito e o objeto e, portanto, também entre o sujeito e o meio de onde o objeto provém.

Em todas as idades houve portadores de archotes que, através do seu próprio poder criativo personificaram a verdade de antigos conhecimentos humanos. Então, numa época de estagnação espiritual, de predomínio intelectual, os baralhos de tarô se nos tornaram acessíveis. A linguagem mudou mas as imagens ficaram. Usando essas atraentes cartas de tarô acrescidas da interpretação profunda, mas nem por isso menos compreensível, a autora Elisabeth Haich escreveu uma obra-prima de iniciação nos mistérios da vida. A partir da profunda compreensão e da própria experiência de unir-se ao seu gênio, ela exemplificou o processo que transforma um homem num ser humano através do discernimento que este demonstra ao lidar com as imagens da série de vinte e duas cartas, ou as respectivas etapas na ladeira da ascensão divina, em que cada etapa é uma experiência destinada a esclarecer a próxima, de acordo com o plano individual para a vida.

Que este trabalho encontre seu rumo no mundo e traga esclarecimento a todos quantos o lerem.

Dr. Ewalt Kliemke

Preâmbulo

Na medida em que a procura pelas explicações psicológicas destas cartas se tornou cada vez maior, senti-me compelida a publicar a interpretação dos Arcanos Maiores do Tarô em forma de livro, com a intenção de ajudar meus semelhantes na grande tarefa de obter o autoconhecimento por meio deste método maravilhoso oferecido pelo tarô. Dentre as inúmeras cartas disponíveis precisei escolher aquelas que servissem melhor para ilustrar minhas explicações. Infelizmente, muitas vezes as cartas do tarô foram desenhadas por gente que nada sabia acerca do seu significado simbólico interior. É claro que, devido a esse desconhecimento, seu sentido sofreu séria deturpação. Essas cartas "falsas" podem ser utilizadas para tirar a sorte, mas não servem para reproduzir os diversos estados anímicos do homem. O único tarô que provém sem dúvida de um verdadeiro iniciado, e que posso usar sem restrições, são as cartas desenhadas e coloridas por Oswald Wirth da maneira como lhe foram ditadas pelo iniciado Stanislas de Guaita, que teve morte prematura. Essas cartas revelam ao mesmo tempo grande beleza artística e o simbolismo autêntico do seu verdadeiro significado mais profundo.

A seguir, passaremos a explicar as cartas do ponto de vista psicológico. Elas representam os graus de conscientização humana, desde o despertar da consciência até a DIVINA ONICONSCIÊNCIA, até a UNIÃO CONSCIENTE COM DEUS.

*   *   *

Quero agradecer aqui, sinceramente, a alguns amigos que me ajudaram na revisão do texto.

O QUE É O "TARÔ"?

O homem é como um mosaico.

O mosaico consiste em grande número de pequenas pedras coloridas que, ordenadas segundo determinado padrão, resultam num quadro coerente, muito bonito.

Da mesma maneira, os homens são formados segundo um padrão interior determinado por diversas características, capacidades e aptidões que, organizadas, formam, tal como o mosaico, um quadro lógico, uma personalidade individual.

Da mesma forma como o artista pode obter uma infinidade de padrões usando as mesmas pedras para compor quadros muito diferentes, os homens também são criados com as mesmas qualidades, habilidades e talentos, segundo um número infinito e uma incrível variedade de padrões interiores, o que resulta numa variedade infinita de indivíduos.

O tipo de quadro que um artista cria depende inteiramente do padrão que selecionar, ou seja, do modo como relaciona as pedras umas com as outras. É assim que ele pode criar os mais diversos quadros, de acordo com a pessoa a *quem* ele se destina, com *o lugar* em que vai ser pendurado, com *os efeitos* que causará e com o *tipo de pessoa* que pretende agradar. O artista pode usar as mesmas pedras para criar quadros religiosos destinados a despertar sentimentos de devoção em igrejas, cemitérios e em outros lugares sagrados, ou desenhar quadros alegóricos/simbólicos para instituições acadêmicas, como escolas, universidades ou bibliotecas. O artista também pode desenhar quadros humorísticos e alegres para locais de entretenimento, como teatros ou salões de bailes, ou pode até mesmo criar imagens obscenas e sensuais para certos lugares nos quais se encontram aqueles que vivem no *demi-monde*, pessoas de espiritualidade inferior.

E tudo isso, com *as mesmas* pedrinhas multicoloridas!

Acontece exatamente o mesmo com os homens. Das mesmas qualidades e talentos surgem os mais diferentes indivíduos. Mas, se o resultado será uma pessoa ignorante, indisciplinada e inferior ou, na extremidade oposta da escala, uma pessoa sublime, superior, cuja inteligência por certo será superior, isso depende do padrão que forma a base da personalidade das pessoas ou, por assim dizer, da maneira como as qualidades se inter-relacionam.

Porém, enquanto o artista cria *conscientemente* uma grande variedade de figuras com suas pedras, o homem *não tem consciência* do padrão interior ou da imagem que formou o seu caráter.

No caso de um quadro, é óbvio o modo como as pedras se correlacionam e, assim, podemos ver com clareza a imagem representada, o lugar que ocupa; podemos descobrir onde vai ficar e, em última análise, saber a que tipo de pessoa agradará ou não. Portanto, também é possível prever todo o destino do quadro. Os homens, no entanto, não podem ver a própria imagem nem predizer o destino. O indivíduo não conhece nem vê o padrão que constitui a base do seu caráter. Menos ainda ele sabe que esse padrão interior É ELE MESMO! Se conhecesse esse padrão interior que é ele mesmo e, portanto, se tivesse AUTOCONHECIMENTO, ele também poderia ver claramente todo o seu destino à sua frente e poderia progredir na vida, avançando com passo firme. A pessoa comum, todavia, não conhece a si mesma, nem ao seu destino, e fica vagando pela vida como uma criança que tateia na escuridão.

Mas em tempos pré-históricos já havia, e ainda há, alguns iniciados que conheciam e arranjaram em vários quadros as "pedrinhas coloridas" que formam a imagem humana, isto é, os elementos espirituais e as habilidades, qualidades e aptidões de que seu caráter é constituído segundo um padrão interior.

Essas representações são tão corretas e formuladas com tanto conhecimento psicológico que não só representam o fator anímico mas simultaneamente também a sua causa e o seu efeito. Portanto, não apenas mostram as características essenciais, as capacidades, aptidões e traços característicos dos homens, mas também a fonte dessas características e as reações que provocam no mundo exterior. Resumindo, elas revelam todo o destino do homem.

Essas antigas representações pré-históricas, das quais pode-se organizar e tornar reconhecível o quadro generalizado das mais diferentes pessoas, são as cartas do tarô. Como conceito: o tarô.

O tarô compõe-se de 78 cartas. Destas, 56 foram denominadas de "Arcanos Menores" e 22 de "Arcanos Maiores".

Para entender os Arcanos Menores, precisamos recordar todos os elementos espirituais que constituem uma pessoa e que provêm de uma única fonte primordial na qual tudo ainda repousa numa unidade. Dessa fonte saem por etapas todas as manifestações até o completo desenvolvimento. Podemos comparar esse processo com o crescimento de uma planta: de uma semente, através dos vários estágios de desenvolvimento, ela se transforma num botão; depois em flor, até seu resultado mais elevado, o fruto. Os iniciados representaram esses estágios no crescimento do homem em quatorze imagens respectivas.

A primeira carta tem o número UM, de onde toda manifestação provém. Dele derivam os números até DEZ, que por sua vez é de novo o UM, unido ao círculo que simboliza o universo, o ZERO. Os números ascendentes mostram como o homem, desde o início do seu desenvolvimento, pode continuar a progredir em suas habilidades e em valor, até se destacar da massa como uma personalidade individual. Portanto, na representação, as dez cartas numéricas são seguidas por quatro cartas de figuras em ordem hierárquica ascendente: o Pajem, o Cavaleiro, a Rainha e, para finalizar, o Rei, que reina sobre todas as outras cartas. Assim se demonstra como, de uma personalidade fraca, o homem evolui até possuir uma personalidade cada vez mais forte. Contudo, o valor maior ainda pertence à primeira carta, o número UM, que nos jogos de cartas é chamado de Ás. Portanto, o UM, o Ás, vence todas as outras cartas, pois é o pai de todas as outras revelações. Dela provieram todos os outros níveis. As dez cartas numeradas e as quatro cartas com figuras formam juntas quatorze cartas.

Essas quatorze etapas de desenvolvimento se manifestam através dos quatro elementos conhecidos na ciência moderna como "estados da matéria", a saber, segundo a denominação antiga: Fogo, Ar (gasoso), Água (líquido) e Terra (sólido). Esses elementos são representados nas cartas por quatro símbolos diferentes: bastões, espadas, moedas e taças. Sob cada um desses símbolos os quatorze níveis de desenvolvimento são representados em quatorze cartas; quatro vezes quatorze resultam em cinqüenta e seis cartas. Essas cinqüenta e seis cartas são os Arcanos Menores do Tarô.

Os "Arcanos Maiores" representam o princípio que rege as qualidades do homem simbolizadas pelas cinqüenta e seis cartas dos Arcanos Menores. Este princípio é a *consciência* humana. O modo *como* ele usa suas habilidades e talentos, e *com que* finalidade, quer de modo correto quer de modo errôneo, para bons ou maus propósitos, isso depende do seu *nível de consciência*. Continuando com a nossa analogia, temos de lembrar que um mosaico não tem vida, consiste em matéria morta e é organizado por um artista que *existe fora do seu trabalho*. O homem, todavia, é o próprio artista que cria a sua imagem pessoal de acordo com o padrão interior, mas a partir de dentro, e é ele mesmo que revela a sua imagem interior, o seu caráter, através da sua existência física. No início do desenvolvimento, ele está de todo inconsciente da posição que ocupa. Ele elabora sua imagem inconscientemente de acordo com as leis naturais. Uma vez que carece de autoconhecimento, vive dentro da imagem que construiu, como um prisioneiro vive numa cela por ele mesmo construída, e em vez de ser seu próprio mestre ele se torna escravo de si mesmo. Em conseqüência, é escravo do próprio destino. O destino joga-o de um lado para outro nesse estado inconsciente, como um barco à deriva durante uma tempestade. Em seu desespero, o homem procura e espera obter ajuda do exterior e também não tem nenhuma percepção do fato de que o auxílio verdadeiro, a libertação desse vagar às cegas, desse cativeiro, está unicamente em si mesmo, só pode ser encontrado em si mesmo.

Mas esses golpes do destino, que ele próprio causa devido à sua ignorância, acabam por despertá-lo um dia. Ele pensa e se torna intimamente consciente. Nota que está *aqui*, percebe que existe! Entretanto, desse primeiro despertar, desse primeiro estremecimento de autopercepção até o objetivo derradeiro — a consciência perfeita divina e universal — ainda há um longo caminho de desenvolvimento. Quando alcançar esse objetivo, e não antes, o homem não tem mais inconsciente que atue por trás da sua consciência. Obteve a liberdade completa. Tornou-se senhor de todas as forças que o formaram e que atuavam nele. Mas o universo inteiro foi formado com as mesmas forças criadoras que formaram o homem. Portanto, o homem é capaz de dominar também essas forças nas outras pessoas e em todo o universo, assim que as tornar conscientes em si mesmo e aprender a dominá-las. Nesse estado de consciência, ele é senhor de todas as suas capacidades, características e talentos que criaram a sua imagem no mundo material. Contudo, ao mesmo tempo, torna-se senhor do seu destino, pois neste estado já não é mais o padrão inconsciente do seu reflexo, mas o criador consciente da sua própria individualidade e do seu próprio mundo.

Os iniciados da antigüidade pré-histórica que criaram as cartas de tarô conheciam todos esses diferentes níveis e estados de desenvolvimento da consciência humana. Representaram todos os degraus desde o despertar da consciência até a oniconsciência divina em 22 cartas. Essas cartas são os 22 Arcanos Maiores do Tarô.

Onde quer que investiguemos nos recessos obscuros da história, dificilmente encontraremos um período em que essas imagens dos Arcanos Maiores das cartas de tarô não fossem conhecidas. Já em tempos primitivos encontramos traços dessas cartas; na verdade, elas são as precursoras de todas as outras cartas de jogar. Encontraram-se evidências da existência dessas cartas em escavações feitas na Babilônia, no Egito, no México, na Índia e na China, bem como em escavações na Judéia e em outras culturas ainda mais antigas. Algumas vezes surgiram como murais, outras como esculturas entalhadas em pedra ou em bandejas de cerâmica. Essas descobertas sempre se revelaram representações das cartas de tarô. Onde quer que fossem encontradas, sua semelhança com estas era tão contundente que apontava para uma fonte comum. Qual seja esta fonte, contudo, ninguém sabe.

Ainda assim, tais descobertas não passam de fragmentos da seqüência inteira. Não teríamos baralhos completos de cartas de tarô se uma nação conhecida pelo seu apego às tradições religiosas e às sagradas escrituras não as tivesse preservado inalteradas durante milhares de anos até o dia de hoje. Refiro-me ao povo hebreu.

Estes receberam seu texto sagrado de Moisés, que fora iniciado no Egito. Ele transmitiu a seu povo os mais profundos mistérios de toda a Criação e da natureza humana, toda a sabedoria secreta que aprendera com os sumos sacerdotes egípcios no templo. Os sacerdotes hebreus, os grandes rabinos iniciados, têm preservado inalterado até hoje o Livro de Moisés. Não se permite a mudança de uma simples letra. A razão para isso é muito importante: Moisés escreveu seus livros na escrita judaico-hebraica, sem vogais. Dependendo da vogal que se introduza entre as consoantes, o texto assume um significado diferente. Por isso é importante não substituir letras. Moisés havia dotado seus textos com uma chave secreta que indicava a forma pela qual as vogais deveriam ser inseridas no texto. Descobrimos essa chave na Cabala.

As várias partes do livro de Moisés juntas formam a Tora.

Os textos sagrados que também contêm a chave para a inserção das vogais são: o SEPHER JESIRAH (Livro da criação), o ZOHAR (brilho), além do TARO e da CLAVICULA SALAMONIS (a chave, o selo de Salomão). Juntos, formam a cabala. Portanto, vemos que o tarô é uma parte importante das escrituras hebraicas. Cabala significa tradição.

A cabala é a ciência de DEUS, da natureza do homem, e de todas as relações que existem entre ambas. Ensina e prova que TUDO ESTÁ NO UM e O UM ESTÁ EM TUDO! Pois, antes que a vontade divina tivesse manifestado o princípio criativo, o Logos, o UNIVERSO descansava no UM DIVINO, em DEUS. Quando a criação começou, todos os números *ad infinitum* nasceram do número UM. Ora, os números estão inseparavelmente ligados às letras, visto que a primeira manifestação do Logos, a primeira freqüência altamente divina que rompeu através do espaço infinito, como o pássaro Hórus pondo a Criação em movimento, é a TONALIDADE, o SOM; portanto, as letras. Essas primeiras manifestações da vontade criativa, as vibrações sonoras, formam toda a Criação segundo as leis matemáticas, as idéias e os pensamentos divinos. Eles agem como a energia motriz em cada criatura, quer se trate de um universo, do sol, de um planeta, da pedra cristalizada, de uma planta, de um animal ou do homem. Os grandes iniciados sabiam quais eram os elementos básicos da Criação e conheciam o elo entre as vibrações criadoras das letras e dos números que agem como leis matemáticas na Criação e concretizam as idéias criadoras no nível material. A partir desses elementos básicos e de suas relações, eles desenvolveram imagens para representar as idéias criadoras, portanto, um *conceito*, uma *letra* e um *número*. Essas imagens são os Arcanos Maiores do Tarô. Juntos, formam as vinte e duas letras do primitivo alfabeto hebraico.

A escritura hebraica, tal como todos os textos divinos, é escrita e lida da direita para a esquerda. Tudo o que for sentido em estado divino de ser é exatamente o reverso da experiência, vista, por assim dizer, escrita ou lida, num estado de ser que se afastou do estado divino. Por exemplo: a letra E, da forma como está escrita nesta página, é vista por todos como voltada da esquerda para a direita. No entanto, se eu *for* o E em certo estado de ser, será o contrário. Vamos imaginar que a letra E seja desenhada em nosso próprio peito, caso em que todos a verão da esquerda para a direita. Eu mesmo, entretanto, a vejo de dentro para fora, da direita para a esquerda, uma vez que *eu sou o E*. Para sentir o E é necessário ser o E. Uma vez que tenha-

17

mos entendido isso, compreenderemos por que todas as escrituras divinas precisam ser escritas e lidas da direita para a esquerda.

O significado da palavra tarot torna-se óbvio quando ela for escrita em forma de círculo, de tal maneira que um T se torne desnecessário

<pre>
            T
       O   A
            R
</pre>

Se lermos a palavra no sentido anti-horário, obteremos a palavra TORA, que significa LEI em hebraico. Se lermos a partir de baixo, conforme o modo hebraico, no sentido horário, obteremos a palavra ROTA, que alude à eterna rotação do universo. Visto que cada letra do alfabeto hebraico também é um número, ao formarmos uma palavra também teremos uma série de números. Somando-os, o total será a soma de seus dígitos. Portanto, toda palavra, todo nome tem um total. A Bíblia foi escrita de tal maneira que a soma total de cada palavra e de cada nome é muito mais significativa do que à primeira vista poderíamos supor. Apenas um exemplo: cada vez que aparece o nome do Messias e o do seu rival, Satã, a soma total desses dois nomes é sempre o reflexo exato uma da outra! E esta regra, estas correlações entre números e letras existe por toda a Bíblia. Temos de admirar a devoção inspiradora e o conhecimento com que a Bíblia foi escrita!

Na Europa, outra raça além da hebraica difundiu o tarô tornando-o famoso: os ciganos, que ainda hoje usam essas cartas a fim de ler a sorte. Embora as figuras de suas cartas sejam em grande extensão degeneradas, em especial os Arcanos Maiores, ainda assim é possível reconhecê-las quase de imediato como cartas de tarô. Com suas figuras primitivas são conhecidas como "cartas ciganas". Que os ciganos as tenham obtido dos hebreus é fato bastante duvidoso. Os hebreus guardam zelosamente seus segredos, suas tradições religiosas de inquiridores olhos estrangeiros e não é provável que os ciganos tenham obtido o tarô com os egípcios ou com raças ainda mais antigas.*

Se o que dissemos foi entendido corretamente, está claro que cartas de tarô só podem ser usadas como pedras de mosaico, por assim dizer, para representar a imagem espiritual bem como o destino exato do homem.

---

* A palavra inglesa "gipsy" parece indicar que os ciganos podiam passar por egípcios. A pesquisa, no entanto, mostrou que os ciganos têm origem hindu. A linguagem dos ciganos e os nomes dos números são idênticos aos dos hindus. Mas não é verdade que ambas as raças, os antigos egípcios e os hindus, se originaram no mesmo país nativo, a Atlântida? Há muitas evidências dessa teoria, principalmente os comentários de Pitágoras sobre o assunto.

Entretanto, como pode um homem ignorante difundir a imagem exata da sua alma como um mosaico, se ele não conhece o padrão interior que controla sua própria criação? Que padrões deverá selecionar ao espalhar as pedras do mosaico, as cartas de tarô, a fim de obter uma imagem autêntica?

Há um modo simples de fazer isso e cujo acerto pode ser matematicamente provado pela teoria das probabilidades. Nenhuma criatura viva e, portanto, nenhum homem, pode manifestar nada a não ser o que ele é! Cada uma de suas observações, cada pensamento, palavra ou ação revelam apenas o que ele é. Sua escrita, seu porte, o menor de seus gestos são o resultado de forças que atuam dentro dele. Nada existe ao acaso, tudo é resultado direto da manifestação do Eu consciente ou inconsciente. Em conseqüência, o modo *como* uma pessoa pega nas cartas de tarô, *como* as embaralha, *o número* de cartas que seleciona ao cortá-las e *a seqüência* em que as dispõe não são um mero acaso. Os homens descobriram esses fatos já na antigüidade ou aprenderam a respeito deles com os iniciados! Por isso a arte de deitar cartas para observar a imagem interior do homem e ver o que o futuro lhe reserva é tão antiga quanto a humanidade.

Assim, presumimos que pegar as cartas, embaralhá-las, cortá-las e distribuí-las é o melhor método, visto que se baseia numa experiência de milhares de anos, e que, portanto, expomos uma imagem do nosso Eu e do nosso destino. De fato, espalhamos nossa imagem espiritual à nossa frente, mas não a entendemos! O entendimento só é possível quando conhecemos o significado simbólico interior de cada carta, depois de compreendermos e alcançarmos totalmente a maneira pela qual as cartas se relacionam na medida em que estão próximas umas das outras sobre a mesa, isto é, depois de sabermos o efeito que exercem uma sobre a outra.

Para conhecermos nossa própria imagem, é da maior importância, portanto, conhecermos o significado e o sentido interior de cada uma das cartas isoladas. Por enquanto, só olhamos as cartas da maneira pela qual um analfabeto olha para as letras. Para ele, letras nada mais são do que formas negras sobre o papel. Para ele, o fato de serem letras, de serem pronunciadas da maneira como são e o nome pelo qual são chamadas é um perfeito mistério. Ele não compreende as letras, nem as palavras feitas com elas, e menos ainda as frases elaboradas com as palavras. Nem sequer suspeita que essas formas negras, estranhas, possam significar alguma coisa. A pessoa inexperiente em tarô olha para as cartas exatamente dessa mesma maneira. Não compreende nem as cartas individuais, nem o significado da sua seqüência. Nem mesmo entende as letras e os números das cartas, não importa o quanto saiba ler e contar. Pois nas cartas de tarô, essas letras e números têm um significado místico muito mais profundo no sentido cabalístico, do que meras letras e números. Nessas cartas nada é acidental, não há linha ou cor que não tenha importância; tudo pertence ao significado intrínseco das cartas.

No entanto, para quem as entende, essas cartas são um magnífico meio de adquirir *autoconhecimento*. Basta pensarmos nisto: quando um homem ignorante se olha no espelho, ele vê seu reflexo assim como viu as cartas expostas diante dele. Mas da mesma forma como fracassou em entender as cartas — ele apenas *olha para elas* — assim também ele não entende sua própria imagem refletida. Apenas olha *para* a imagem; não olha *dentro* dela. No entanto, cada linha, formato e cor do seu rosto e corpo tem um profundo significado interior. Sua imagem exterior também oculta dentro de si a imagem do seu ser invisível interior, tanto consciente como inconsciente. O homem não imagina que por trás de sua imagem exterior há uma grande parte do seu ser oculta no inconsciente; também desconhece que o grande objetivo da sua vida terrena é fazer esse mesmo inconsciente atingir a consciência. Nessa enorme tarefa de despertar o inconsciente e de torná-lo consciente, obtendo o perfeito autoconhecimento, as cartas do tarô são um auxílio ímpar. A natureza dessas cartas é tal que elas podem produzir um grande efeito no despertar da consciência humana. Basta que o homem as examine uma a uma a fim de compreendê-las melhor, basta que leia a sua importante descrição. Quando chegar à carta que corresponde ao seu estado interior, seu interesse será subitamente despertado e o conhecimento de que é ele mesmo que está ali no nível de consciência dessa determinada carta será para ele como um choque. Ele a entenderá, a achará repleta de vida e significado e, no âmago de sua alma, sentirá uma reação profunda. As cartas restantes causam-lhe a impressão contrária. Ele as achará inanimadas, desinteressantes e mortas; elas não despertam nenhum eco em sua alma. Se estudar cada uma das cartas isoladamente, descobrirá onde terá de melhorar intimamente e como terá de se modificar para se sentir satisfeito.

Quem examinou as cartas uma por uma pode testemunhar que elas ajudam a despertar o nosso inconsciente para a consciência, de tal modo que adquirimos o autoconhecimento pelo fato de compreendermos quem somos. As cartas são uma espécie de espelho espiritual no qual não só podemos nos reconhecer, mas onde também podemos nos examinar e estudar inteiramente. Compreendemos que, de certa maneira estranha, as cartas correspondem exatamente ao nosso estado interior e que, ao mesmo tempo, também correspondem ao estado com que nos relacionamos com o mundo. De repente, entendemos a nós mesmos e ao nosso destino. Compreendemos por que a sorte sempre nos leva de volta à mesma situação e por que temos de resolver sempre os mesmos problemas, repetidas vezes. Entendemos que as razões do nosso destino *estão dentro de nós*. Portanto, temos de *nos modificar* para que o nosso destino também possa *mudar*. E nosso destino muda pelo simples fato de começarmos a reagir de modo *diferente* a tudo o que nos acontece.

Essas cartas nos permitem ver e entender com clareza não só o nosso estado presente, como também o nosso passado e, de certa forma, também são capazes de predizer o nosso futuro. O destino é a soma das reações às nossas ações. Se conhecermos as cartas que representam o nosso estado interior, seremos capazes de deduzir dessas cartas o que nos impeliu a agir de uma determinada maneira. Além disso, saberemos porque teremos de suportar as conseqüências das nossas ações como "destino". E, se não estivermos inteiramente satisfeitos e contentes com nossas vidas — e muito poucas vezes podemos fazer tal afirmação — as cartas também nos permitirão descobrir *o que* pode nos ajudar a sair da situação em que nos metemos e das nossas dificuldades. Naturalmente os estados interiores são uma de nossas partes inerentes, mesmo que não consultemos as cartas. No entanto, elas nos ajudam a obter uma visão clara da nossa vida e a resolver nossos problemas com maior facilidade e rapidez.

Portanto, as forças espirituais dessas estranhas cartas começam a exercer efeito no homem, e esse efeito é aumentado na proporção em que a compreensão que ele tem das cartas melhora. Quanto mais forte o efeito exercido pelas cartas sobre o homem, tanto maior sua compreensão do próprio Eu e tanto mais ele entenderá que essas cartas simbolizam a fábrica da sua alma. Assim o tarô aproxima cada vez mais o homem do seu objetivo que é se conhecer, *ser ele mesmo*.

Carta 1 do Tarô

O MAGO

Número: 1
Letra: א Aleph

Nesta carta, vemos um jovem forte, um mago, cuja postura física assume a forma da letra ALEPH. Ele inclina levemente o tronco para a direita, a mão direita aponta para baixo, a esquerda para cima, tal como vemos na letra ALEPH. Com essa posição, ele revela ao mesmo tempo a verdade primordial que nos foi deixada pelo grande iniciado caldaico Hermes Trimegisto em sua TABULA SMARAGDINA HERMETIS: *"Assim como em cima, também embaixo."*

A roupa do homem jovem é estranhamente colorida. Ele usa um chapéu, que, se observarmos bem, nem se parece com um chapéu. A copa do suposto chapéu é a própria cabeça do homem, um círculo vermelho fechado que simboliza o seu espírito eterno, o seu Eu superior. Parte desse círculo está coberta pela aba do chapéu e, portanto, não vemos toda a cabeça. Isso mostra que seu espírito ainda não está totalmente consciente, que ainda tem muita coisa no inconsciente, na sua parte oculta. A cor vermelha é uma indicação de que o espírito, positivo-doador, é um fogo divino. Está num círculo fechado porque nunca pode se mostrar no mundo material exterior. O espírito pertence a outro mundo. Ele é invisível no mundo material e não pode ser percebido pelos órgãos dos sentidos. Por essa razão, precisa de um instrumento de manifestação através do qual possa manifestar-se como idéia, pensamento ou conhecimento. Esse instrumento é o intelecto, simbolizado pela aba do chapéu. Essa aba tem a forma do sinal usado pelos matemáticos para designar a "infinitude", um 8 em posição horizontal ∞. A barra da aba é amarela, cor da razão, e por dentro a aba é verde, símbolo da simpatia, da boa vontade e da unidade. O jovem mago manifesta dessa maneira o seu espírito invisível, fogoso, eterno, que nunca nasceu e que portanto também não morrerá, através da infinitude independente do pensamento e do conhecimento, e também através da simpatia, da boa vontade e da unidade.

No corpo, ele usa uma túnica vermelha, muito justa, com gola azul e uma listra azul no centro. O traje vermelho é justo porque na verdade não se trata de uma vestimenta, mas do seu próprio corpo. A cor vermelha representa o seu espírito que, como a sua cabeça, é positivo-doador. A cor azul da gola e a listra central orlada de branco simboliza seu amor puro e desinteressado pela humanidade. Ele oculta no íntimo esse amor altruísta, mas também aceita a orientação desse amor universal como guia em seu caminho através deste mundo. Isso é revelado pelas suas pernas que caminham pela trilha terrena e que estão calçadas com meias azuis.

Os braços simbolizam os dois grandes princípios polares da criação, o pólo ativo-masculino, positivo-doador, e o pólo passivo-feminino, negativo-receptor. Eles estão envolvidos por vários panos coloridos. Isso significa que o mago usa braços e mãos de forma versátil: com a razão, simbolizada pelo amarelo; com boas intenções e boa vontade em relação aos seus semelhantes, como indicado pela cor verde; sob essas duas cores ele veste uma malha justa azul que revela, além do seu corpo, também o seu ser real.

A bainha vermelha significa que ainda continua a irradiar a força espiritual doadora, ao orientar-se pelo amor altruísta pelos homens e pela sua humanidade em seu trabalho de atividade.

Na listra azul do centro da túnica há cinco botões. Representam os cinco órgãos dos sentidos, através dos quais ele se *associa* consigo mesmo, com seus mundos interior e exterior!

À sua frente tem uma mesa. Apenas três pernas da mesa estão visíveis, a quarta eleva-se para o mundo espiritual invisível. O motivo para o mago cumprir sua atividade tem, em sua maior parte, uma base material. Sua pessoa vive no mundo material visível, portanto, ele tem de cumprir nele a tarefa que lhe foi destinada. No entanto, parte de suas ações — a quarta perna da mesa — depende de bases invisíveis, espirituais.

Sobre a mesa há três símbolos do tarô que, apesar de ainda não terem sido usados, estão prontos para o uso: a taça, a espada e a moeda. Ele segura na mão esquerda o símbolo mais importante de todos: o bastão ou o cetro. Nas pontas o bastão tem bolinhas coloridas. Estas, por sua vez, simbolizam os dois princípios polares: a vermelha, o positivo e a azul, o negativo. O mago segura o bastão de tal forma que este fica com a extremidade positiva para cima e a negativa para baixo, na direção da moeda. O bastão simboliza as letras JOD, imagem da primeira revelação divina, uma única chama da qual surgiram todas as outras letras e, aos poucos, toda a Criação. Na mão do mago, o bastão se transforma numa vara de condão. É a força criadora do mago, com a qual ele concretiza no mundo exterior a vontade do seu *Self* superior. Pode realizar verdadeiras maravilhas com ela e portanto, aos poucos, ele se torna um mago branco.

A taça é azul por fora, portanto, feminino-negativa, receptiva, mas contém em si o espírito, o princípio masculino-positivo, fogoso, representado pelo líquido vermelho que contém. A taça tem uma base hexagonal, formada pelos dois triângulos entrelaçados que representam os mundos espiritual e material. A taça aponta para os princípios espirituais do mago e significa sua receptividade a tudo o que é bom, até as mais elevadas verdades divinas do espírito.

A espada também está desembainhada, ainda sem uso, sobre a mesa. Ela simboliza a coragem do mago com a qual — tal como Siegfried e o "Nothung" contra o dragão — ele está preparado para lutar contra as sombras do submundo, contra o inconsciente, a fim de atingir a luz divina da consciência.

Por último, há uma moeda de ouro sobre a mesa. A forma circular representa o espírito; mas a cruz desenhada na moeda, mostra que neste caso se trata de um espírito muito poderoso e especial, com o qual seu grande poder de concentração cria *matéria* e a controla unificando os dois elementos opostos. Essa é a moeda, *dinheiro*. Pois o conteúdo deste conceito "dinheiro" é puramente simbólico. Como alguém poderia pensar em "dinheiro" como matéria? Alguém já viu "dinheiro" ou o segurou na mão? Ninguém! No máximo seguramos ou vimos um pedaço de papel ou de metal assinalado com determinado valor. Portanto, ambos só são valiosos quando contêm a inscrição especificando que valem uma certa quantia monetária na qual temos de *acreditar*. Se, entretanto, na mesma nota ou moeda não houver inscrições assinalando determinado valor, então não se trata mais de "dinheiro". No momento em que deixamos de acreditar nela, a nota se torna um pedaço de papel sem valor e a moeda só valerá o preço do material de que é feita. No entanto, até mesmo esse valor se modifica segundo a procura. Lembrem-se de que, para um homem que está morrendo de sede no deserto, qualquer peça de metal, seja ouro ou prata, não tem absolutamente nenhum valor. Por outro lado, um copo de água salvaria sua vida. "Dinheiro", portanto, é uma noção puramente abstrata e não matéria visível ou tangível. Ele é o espírito da *matéria absoluta*, exatamente porque como um conceito, não pode ser identificado com qualquer tipo de matéria. E, no entanto, adquirimos todos os tesouros materiais do mundo com essa matéria inominada: posição, jóias, mobília, roupas e tudo o mais. Assim, dinheiro é o espírito da matéria absoluta inominada.

A moeda nesta figura do mago também não sugere "dinheiro" visível com valor de troca. Indica muito mais precisamente o poder espiritual interior do homem que lhe permite controlar todos os valores do mundo material, basta que conheça este segredo! O nosso mago o conhece, pois, é claro, já obteve o domínio sobre o segredo do "dinheiro".

Entre as pernas, e exatamente atrás dele, vemos uma flor que cresceu da terra, portanto, da matéria. Ela tem folhas verdes e um botão. As folhas verdes representam os três grandes princípios do espírito, do poder e da matéria. A flor fechada, o botão, é vermelha e revela o espírito. Isso simboliza que o espírito do mago, tal como o botão da flor, ainda não se manifestou totalmente. Tal como a flor, o espírito já está presente, mas possui muitos aspectos ainda inconscientes. Tal como a flor ainda não desenvolveu todo o seu esplendor interior, o mago também ainda não revelou toda a perfeição do seu espírito, do seu *Self* superior. Seus maiores tesouros, os tesouros divinos, continuam latentes em seu inconsciente. É esse também o motivo pelo qual a flor está *atrás* dele, assim como o seu inconsciente está *por trás* da sua consciência. Trata-se, entretanto, de mera questão de tempo até a flor se abrir e revelar sua glória, e o mago revelar seu mais íntimo ser perfeito.

A carta O MAGO mostra um homem que acabou de despertar, que se tornou consciente em si mesmo e que percebe pela primeira vez que está de fato *aqui* — que está *aqui agora*. Portanto, pela primeira vez, ele experimenta o presente absoluto no estado de autoconsciência. O seu *Self* está desvinculado e é infinito no inconsciente, exatamente como o seu chapéu revela a infinitude; contudo, o primeiro lampejo de autoconsciência ainda é limitado e sua luz ainda é a primeira centelha divina, não iluminando ainda todo o seu ser divino. Ele continua sendo a criança divina mas já é o início, assim como a criança é o início do adulto em crescimento. Da mesma maneira, o número UM é o primeiro de uma seqüência de números e a letra *aleph* é o início do alfabeto.

O "mago" representa um homem ou uma mulher. O fato de o estado de despertar estar representado neste caso por um homem, não significa que só um homem possa experimentar esse estado. No primeiro estado de autoconsciência não há sexo. O ser humano, homem ou mulher, sente um estado espiritual positivo; esse estado é simbolizado pela figura de um homem. Uma criatura viva neste nível de consciência já possui todas as dádivas divinas que a ajudarão a prosseguir no caminho rumo ao autoconhecimento.

O mago segura na mão a "varinha de condão", que pode usar para abrir todas as portas fechadas do inconsciente. Sua alma é como uma taça da qual ele já pode beber o néctar divino do espírito. A espada, também, já está à sua disposição; portanto, ele pode dissipar as sombras do mundo subterrâneo, do inconsciente, e conquistar a luz divina do Eu superior, da oniconsciência. Finalmente, ele também tem a moeda de ouro, o poder espiritual sobre toda a matéria. Ele já conhece o valor intrínseco de todas as coisas; portanto, nunca mais perderá seu rumo na floresta dos falsos valores materiais deste mundo.

Embora possua todos esses tesouros, ele ainda não é um "mago" atuante. Na verdade, ele tem esses bens divinos, mas ainda não os usa. Ele não sabe que já tem na ponta dos dedos todos os atributos que lhe possibilitarão tornar-se um autêntico mago branco no jardim de Deus. Ainda está imóvel, mas pronto a iniciar o longo caminho para o autoconhecimento.

À figura do mago atribui-se o número 1 e a letra *aleph*. O número 1 é o número divino que existia até mesmo antes que os outros números nascessem dele. É o pai de todos os outros números, é indivisível e eterno. É o único número que pode ser usado como um multiplicador sem modificar o valor do número que for multiplicado. Diz o Vishnu-Purana: "Não havia dia nem noite, nem céu ou terra, nem escuridão ou luz, nem havia qualquer outra coisa, nada a não ser o UM."

E o grande iluminado hindu Ramakrishna afirmou do mesmo modo: "Conheça o UM e você conhecerá tudo." Os números tornar-se-ão centenas de milhões se os colocarmos um após o outro. Se, no entanto, o um for extinto, não restará nada. A quantidade só existe com relação ao Um. Primeiro o Um e então os muitos outros. Primeiro Deus e depois o mundo e suas criaturas.

Esta carta com a letra *Aleph* corresponde ao primeiro nome de Deus como Ele mesmo se nomeou quando Moisés perguntou: "Se eu for ter com o povo de Israel... e eles me perguntarem 'qual é o seu nome?', o que devo dizer a eles?"

Deus disse a Moisés: "EU SOU QUEM EU SOU" (Êxodo, 2:13-14).

Na Cabala esta carta corresponde ao primeiro coro de anjos, chamados *Serafins*. Até a época do profeta Isaías, SERAPH significava uma serpente sagrada com três pares de asas. Isaías trocou este nome pelo de anjos. Desde então, *Seraph* ficou sendo o nome de uma criatura angelical com três pares de asas. SEPHIROT é uma hoste inteira desses anjos. Na Cabala há dez dessas *sephirot* criativas. *Sefirah* significa literalmente EMANAÇÃO (radiação). Na terminologia científica moderna as *sephirot* seriam conhecidas como "campos radioativos de energia". Cada *sefirah* tem tanto um número como uma letra e seu respectivo atributo. O da primeira *sefirah* é *Kether Elyon*, a "coroa suprema" que representa a autoconsciência do homem. Da mesma forma como alguém é regente do seu país em virtude da coroa que traz na cabeça, assim a consciência do *Self* lhe dá o poder de reger sobre todos os poderes existentes no UNIVERSO. Sua autoconsciência é a coroa do seu ser.

No alfabeto hebraico há três letras chamadas "mães". Essas três mães são: ALEPH, MEM e SHIN. As três significam um nascimento e por isso são conhecidas como "mães". *Aleph* é o primeiro nascimento, o nascimento da criança divina, o primeiro lampejo de autoconsciência. O homem ainda é como uma criança que começa a olhar em torno, incapaz de usar seus atributos, os talentos que lhe foram dados por Deus. Com o passar do tempo, sua atividade se desenvolverá e só então ele se tornará um adulto. A letra *Aleph* fez nascer o primeiro despertar da consciência no homem.

O número 1 e a letra ALEPH são ambos o *começo de um desenvolvimento*. Da mesma forma como o número 1 faz surgir todos os números subseqüentes *ad infinitum*, a letra ALEPH assinala o início do alfabeto. Tal como o botão representa o início que leva à florescência total, da mesma forma a consciência presente do homem que tem os instrumentos mágicos à sua disposição é o início do grande, longo e irregular caminho que leva ao supremo objetivo, que leva à ONICONSCIÊNCIA divina e perfeita.

Carta 2 do Tarô

A GRANDE SACERDOTISA

Número: 2
Letra: ב Beth

Nesta figura vemos uma mulher trajando a vestimenta de sacerdotisa, sentada num trono estranho. Ela está imóvel, é calma, inescrutável, misteriosa e majestosa. É a suma sacerdotisa do templo e guardiã dos seus mistérios. Ela usa uma tiara orlada por dois aros dourados e que termina com uma lua crescente no alto. A lua crescente significa que esta imagem representa um estado passivo, feminino-receptivo em que o homem volta todo o seu interesse e receptividade simultaneamente para dois planos: para este mundo e para o outro. Esses dois planos, esses dois mundos, também são simbolizados pelos dois aros dourados da tiara.

Parte do rosto da grande sacerdotisa está oculto por um véu branco. Isso prova que de modo algum ela revela toda a sua natureza. Seu vestido é longo, justo e azul. Azul indica que no âmago do seu ser ela está repleta da fé pura em Deus, do altruísmo e do amor pela humanidade. Sobre essa roupa, ela usa uma capa vermelha orlada de amarelo. Vermelho mostra a espiritualidade que ela manifesta exteriormente no mundo da matéria. Ao fazê-lo, ela oculta de olhos inquisitivos o âmago do seu ser amoroso simbolizado pela cor azul. A borda amarela do traje significa a razão, que ela demonstra através da linguagem e da escrita. Essa capa está presa ao seu corpo por duas faixas largas em que vemos algumas cruzes pequenas. Estas por sua vez significam os relacionamentos íntimos da sacerdotisa, tanto com o reino do espírito quanto com o reino da matéria.

Na mão direita ela segura um livro entreaberto que contém, mas ainda não revela, os mistérios dos dois mundos, o aquém e o além. Na capa do livro há um símbolo chinês, a divindade repousando em si mesma, Yang e Yin, na qual os dois pólos ainda permanecem na unidade de Deus. Só ao se manifestarem, esses dois mundos, o material exterior e o espiritual interior, são ostensivamente separados um do outro. Na realidade interior eles sempre pertenceram um ao outro, possivelmente não existiriam um sem o outro. Pois é na tensão que existe entre eles no mundo material que toda a Criação se fundamenta.

Na mão esquerda ela segura duas chaves. São as chaves para este mundo e para o próximo. Ela tem acesso a ambos, ela pode fechar ou abrir os portais, entrar ou sair conforme a sua vontade. Contudo, ela não revela os mistérios desses mundos a pessoas imaturas.

Ela está sentada num trono. De cada lado do encosto do trono há duas grandes colunas. As próprias cores acima das colunas revelam que a coluna à direita é fogosa, masculino-espiritual e que a da esquerda é úmida, feminino-animalesca. Elas são as duas colunas do rei Salomão, Jaquim e Boaz, sobre as quais ele edificou seu templo. Também são as duas pernas do Logos na Revelação. Um pé está em terra, o outro no mar. Esses dois pilares sustentam a tensão entre os dois pólos criadores, o positivo e o negativo, sobre os quais, segundo a Bíblia, repousa o princípio criador, o Logos, à medida que cria o universo. Entre os pilares há uma cortina, que corresponde ao véu da deusa egípcia Ísis. Na filosofia da religião hindu, essa cortina é o véu de *maya*. Esse véu encobre a verdade misteriosa e absoluta que repousa no inconsciente dos homens, a qual o homem imaturo ainda não pode e não deve ver. Os segredos do inconsciente continuam ocultos dos seus olhos, mas ele já suspeita das forças titânicas que atuam abaixo do nível de sua consciência. Ele acredita que os fenômenos que percebe não surgem do próprio inconsciente, mas do mundo exterior. Assim, ele começa a se preocupar com os fenômenos do ocultismo. Freqüenta reuniões espirituais onde, segundo sua crença, os "espíritos" dos que morreram manifestam sua presença e transmitem mensagens do além. Também comparece a outros círculos e associações que buscam estudar todos os tipos de "ciências ocultas". Portanto, transforma-se num "buscador".

O chão sobre o qual está o trono da Grande Sacerdotisa é constituído por quadrados coloridos de pedra branca e preta, dispostos como os campos de um tabuleiro de xadrez. As pedras brancas simbolizam o mundo espiritual e invisível; as pretas, o mundo material visível. Tal como esses diversos quadrados estão misturados no chão da imagem, da mesma forma os dois mundos *se mesclam* na alma do homem que busca, embora ainda não *se fundam*. O homem já começa a se espiritualizar mas ainda é terreno-material.

Os dois espaldares do trono, à direita e à esquerda, representam duas esfinges, uma branca e outra preta. Vemos apenas a esfinge negra; a outra, branca, está invisível, coberta por uma parte do manto da sacerdotisa.

A esfinge é um estágio muito importante do caminho do autoconhecimento. Sabemos da mitologia grega, que as pessoas de Cadmus pediram auxílio a Édipo, lamentando-se em voz alta. Pediram que este as livrasse do monstro, a terrível esfinge sentada no alto do rochedo que olhava para a planície e empestava a atmosfera pura com seu hálito. Se não houvesse ajuda imediata, toda a população seria destruída, morrendo de uma morte horrível. Ela só poderia ser espantada por alguém que resolvesse o enigma que propunha. Todos os dias ela resmungava suas incompreensíveis palavras e engolia, sem piedade, cada um que tentasse resolver o enigma e não fosse capaz de fazê-lo.

Édipo perguntou qual era esse enigma, ao que as pessoas chorosas responderam: "A esfinge só diz isso: existe uma criatura que pela manhã anda sobre quatro pernas, ao meio-dia sobre duas e à noite anda por aí sobre três pernas. E quando anda sobre quatro, vai mais devagar. Diga-me, qual é essa criatura?" Édipo foi ter com a Esfinge e quando esta lhe propôs o enigma, ele respondeu: "É o próprio homem. No começo da vida, ainda criança, ele se arrasta de quatro, ao ficar crescido anda com duas pernas e quando fica velho anda com a ajuda de uma bengala." Com um grito terrível, a esfinge saltou do rochedo e desapareceu num piscar de olhos.

O enigma da esfinge, portanto, é o enigma de todo ser humano. E aqui, na figura, como espaldar do trono da Grande Sacerdotisa essa esfinge também significa o grande enigma dos homens — o autoconhecimento.

O braço esquerdo da Grande Sacerdotisa repousa sobre a visível esfinge negra, e o direito sobre a *ainda* invisível esfinge branca. Toda a figura da Grande Sacerdotisa mostra o estado de alguém que acaba de despertar, de quem sentiu pela primeira vez a bruxuleante autoconsciência. Essa pessoa percebeu que também existe um "outro mundo" que pode ser encontrado além da sua consciência. Ela começa a se ocupar com o além e vai de uma sociedade dita "espiritual" a outra. Vai a todos os lugares onde existe uma possibilidade de solucionar o grande enigma do SER. Já compreende que não está na Terra exclusivamente para cumprir suas tarefas mundanas. Esses deveres mundanos também só são "seus" porque são exatamente estes e *apenas estes* que a ajudam a alcançar o grande objetivo da sua vida: o autoconhecimento. Qual seja esse grande objetivo ela ainda não sabe, mas sente que esta vida lhe deve alguma coisa, que tem de lhe dar algo de maravilhoso pelo qual esperou toda a vida. Isso deve ser a plenitude, a salvação. Ela ainda não reconhece bem que este objetivo nada mais é do que destruir o véu de *maya*, o véu das ilusões, desistir de todos os erros e descobrir o seu verdadeiro eu, conhecê-lo e torná-lo perfeitamente consciente. Do próprio ser, apenas conhece o lado terreno, consciente, seu ser aparente, o que ela *não é*, enquanto o seu ser espiritual verdadeiro repousa no inconsciente. Como não sabe onde procurá-lo, busca no além e naquilo que vem depois da morte. Ela quer saber para onde vão os que morrem, pois sabe que também terá de ir para lá. Mas a Grande Sacerdotisa, que conhece todos os mistérios, ainda não abre para ela a porta do além com sua grande chave. E mesmo assim, ela sente que por trás da cortina se esconde a solução do enigma, que encontrará toda a verdade. Assim sendo, não desiste da busca e continua. Aprende Filosofia e Psicologia, estuda as filosofias da religião de todos os países e se ocupa com todas as ciências espirituais. Ela torna-se um buscador sério ou um charlatão, é só uma questão de hierarquia. Pois, por trás das pesquisas do cientista, bem como por trás das brincadeiras infantis dos charlatães se oculta a mesma busca desesperada do homem pelo grande mistério divino do SER eterno!

A carta da Grande Sacerdotisa tem o número 2 e a sua letra é BETH. O número 2 traz a divisão em si. Não existe unidade que possa conter o número 2. Mas se o número 2 ainda assim se introduzir na unidade, isso significa cisão na unidade, uma queda, e para a alma humana, a morte. Na linguagem terrena, esse estado é representado pelo número 2 em todos os países do mundo: *o desespero*. Nesta figura esse número representa os dois mundos, aquém e além, mundos que um buscador traz em si mesmo e que acarretam a sua divisão. Isso o atormenta e ele busca a solução, a "salvação". Por um lado, ele ainda pertence ao lado de cá, à vida material com suas alegrias e sofrimentos materiais; por outro lado, já se interessa pelo *que* está por trás dela; deseja saber *para* o que esta vida terrena é boa se no final temos de abandonar tudo aqui, e *quais* os valores que podemos levar junto ao morrer. E se conseguirmos levar algo junto conosco, para *onde* iremos? Esse *para onde* lhe interessa, pois já descobriu que este mundo terreno é somente *efeito*, mas não a *causa primordial*. Este mundo não é uma realidade absoluta, trata-se apenas de uma aparência. Mas onde está a verdade absoluta, a causa, que é eterna e nunca acaba? Ele sabe que onde existe um efeito também tem de haver uma causa. E é a causa deste mundo que o homem quer descobrir.

Mas a Sacerdotisa não ergue a cortina que encobre o santuário, e deixa que o homem imaturo continue a procurar a verdade sozinho. Se ela revelasse ao homem o que é a verdade, este não aproveitaria a lição. Mas se ele mesmo procurar, encontrará a verdade na própria *realidade* — ELE MESMO SERÁ ESSA VERDADE! Entender algo com a inteligência é bom e bonito, mas a inteligência ainda é exterior e não está no íntimo do homem. A inteligência é apenas um instrumento que possibilita a compreensão. Essa compreensão, no entanto, ainda está longe da concretização. O homem não busca palavras, mas sim o significado das palavras, a realidade, que nunca poderemos viver com a inteligência, mas apenas *podemos ser*.

A letra BETH significa hieroglificamente a boca do homem. A Grande Sacerdotisa ainda mantém sua boca fechada. Ela ainda não revela nenhum dos seus segredos e, no entanto, permite que o homem sinta que eles existem, a fim de atraí-lo, fazendo com que se movimente, procurando-os. Ele os descobrirá!

A letra BETH representa o anjo da segunda hierarquia. É a segunda *sefirah* e corresponde à *Chochmah*, a inteligência teórica.

Carta 3 do Tarô

A RAINHA

Número: 3
Letra: ג Ghimel

Vemos na figura uma mulher jovem que não usa véu. A bela face revela francamente a sua natureza. Ela nos encara, olha de frente para nossos olhos, nada quer ocultar.

Traz uma coroa com três pontas na cabeça. Isso significa que ela reina sobre os três aspectos da vida, o nascimento, a vida e a morte. Contudo, também significa que é rainha do espaço, das três dimensões. Ela reina sobre todo o universo. É a rainha do céu, é o aspecto feminino procriador de Deus: a NATUREZA.

Ela está sentada completamente imóvel em seu trono, assim como suas leis são inflexíveis e imutáveis. Traz em si mesma o grande segredo, o mistério pelo qual o espírito se une à matéria e através do qual o divino se torna humano. Este mistério é a *procriação*. No entanto, ela mesma é a grande virgem casta, que gera miríades de criaturas vivas sem ter sido tocada por um ser do sexo masculino. Os dois mundos que na Grande Sacerdotisa ainda estavam separados, o aquém e o além, unem-se na rainha do céu. Mas ela dispõe do mundo material e espiritual, uma vez que tem o poder de mantê-los juntos ou de separá-los. Depende dela e de suas leis se um espírito encarna e nasce neste mundo, ou se um espírito já encarnado se desprende do mundo material e o seu corpo morre.

Sua cabeça está emoldurada por um círculo branco, que mostra a pureza imaculada, que ela irradia. Nesse círculo branco vemos doze estrelas, das quais três estão invisíveis atrás da cabeça da rainha do céu. As doze estrelas são o zodíaco, respectivamente os doze âmbitos celestes, com o que fica simbolizado o seu domínio no universo.

Ela tem duas asas azuis-claras. Quando as desdobra, ela dispõe da capacidade de flutuar e de voar no espaço infinito.

Seu vestido bem justo no corpo é vermelho, portanto no âmago do seu ser ela é inteiramente espiritual, positiva. A bainha amarela mostra sua grande inteligência, que ela revela por meio dos cérebros humanos.

Sobre o colo ela traz uma capa azul-celeste jogada sobre o braço direito e tão comprida que as duas pernas ficam cobertas até o chão. A capa e sua luminosa cor azul simbolizam a infinita abóbada celeste que é seu reino; mas também representa sua imaculada pureza. A cor verde da parte de dentro da capa azul significa seu bem-querer e sua simpatia por tudo o que vive, por todos os seus filhos.

A vara de condão do mago, em sua mão, tornou-se um grande cetro, o qual tem na parte superior o símbolo da Terra e no inferior um globo imperial. Este símbolo consta de uma esfera que tem uma cruz na parte de cima. Significa que aqui na Terra predomina a lei da matéria e que o espírito precisa reconhecer essa lei. O cetro mostra a poderosa e grande força da natureza sobre os três mundos, sobre o céu, a Terra e o inferno. As leis da natureza são invencíveis.

A rainha segura o cetro na mão esquerda; isso significa que ela reina com força irresistível o eterno-feminino e a mãe. Na mão tem um escudo sobre o qual está representado o grande símbolo dos alquimistas, a águia branca contra um fundo vermelho. A águia representa o símbolo da pureza e da castidade da rainha do céu, a força sexual sublimada, utilizada por ela mesma apenas em sua forma espiritual, como força criadora. A águia vira a cabeça para a esquerda, isto por sua vez representa a força negativo-feminina da rainha. O céu vermelho em segundo plano indica o poder do feminino que representa as forças positivas do espírito.

O pé direito da rainha não está visível. O esquerdo repousa sobre um crescente lunar virado *para baixo*. O crescente lunar virado para cima significa a suscetibilidade e a capacidade receptiva no que se refere às forças *espirituais*. Virado para baixo indica a suscetibilidade e a capacidade de recepção para a *força criadora do masculino*. A rainha do céu não se deixa fecundar pela força criadora material terrena, ela é e permanece casta, mas em seu reino, na natureza, permite que os sexos separados em sua forma material se tornem outra vez um. Ela deixa que o feminino, o receptivo, seja fecundado e saciado pelo masculino-positivo doador.

Desta forma, a rainha do céu consegue que o divino se torne humano, que o espírito se una à carne, que os dois mundos, o espiritual e o material, se tornem um novo ser vivo. A rainha do céu, a natureza, possibilita então que o espírito se encarne no mundo material.

Sobre o trono, ao lado da rainha floresce um lírio branco. Este também simboliza a pureza, a castidade; contudo, simboliza sobretudo a *saúde* da rainha do céu, da natureza. A natureza se esforça continuamente por manter seus filhos, miríades de seres vivos, saudáveis, dando-lhes seus impulsos instintivos que fazem com que busquem fazer sempre o que é melhor por sua saúde. Mas, se ainda assim ficarem doentes, ela os ajuda a recuperar a saúde. O lírio traz em si uma intensa energia de cura. Por direito, é o símbolo da pureza e da saúde.

Encontramos esta bela imagem feminina em todas as grandes religiões como o aspecto feminino de Deus. Ela é a natureza, a grande Mãe, que concebe miríades de seres vivos e dispõe do poder sobre a vida e a morte. Povos diferentes lhe dão nomes diversos. Os egípcios antigos denominavam-na de Ísis; na religião hindu é conhecida como a venerável grande mãe KALI, enquanto na religião cristã ela é a MADONA. No Apocalipse de João a encontramos descrita assim: "E apareceu um grande sinal no céu; uma mulher vestida como o sol, com a lua sob seus pés e uma coroa de doze estrelas na cabeça." (Apocal., 12:1.)

O homem que se encontra neste nível do tarô aprende a conhecer a grande rainha celestial, a NATUREZA. Ele é um "buscador" e começa no momento a pesquisar os seus segredos. Não tenta mais afrontar a Natureza comportando-se de modo insensato, mas harmoniza-se com ela, passando a viver *com* ela e não em oposição às suas leis. Este homem vive de acordo com a imposição do íntimo: A SAÚDE É UM DEVER! Tenta fazer com que as forças da natureza atuem nele, tornando o seu corpo saudável, e deseja mantê-lo assim. Começa a experimentar vários sistemas de cura e de nutrição; não come mais carne, além de não beber nada que seja artificialmente produzido, pois essas bebidas estimulam seus desejos inferiores e lhe causam a excitação dos sentidos. Portanto, começa a conhecer e atender os desejos interiores da natureza, que até então pensava serem seus instintos animais aos quais não prestara atenção. Reconcilia-se desta forma com a natureza contra a qual cometeu muitos pecados. Reconhece a natureza como a força que rege o mundo visível e o seu corpo. O resultado desses esforços, entretanto, é o seu reconhecimento do fato de que todo fenômeno físico tem uma causa emocional e que cada doença pode então ser atribuída a uma perturbação emocional.

Portanto, ele descobre que se observarmos nossas almas, obtivermos a harmonia interior e a saúde espiritual, nossos corpos também se tornarão saudáveis. Essa verdade o leva à nova descoberta de que existe algo que transcende o domínio da Natureza. Descobre algo ainda melhor, descobre que essa coisa pode reger a Natureza. Trata-se do nosso espírito, do nosso próprio *Self* superior. Descobrimos nossa capacidade de nos tornar donos da Natureza, de controlar e de trabalhar em conjunto com as forças da Natureza, no caso de o nosso *Self* tornar-se o mestre da nossa alma e do nosso corpo. Mas isso só acontece depois de reconhecermos as leis da Natureza! Pois se as reconhecermos, seremos capazes de deixar essas magníficas forças atuarem não só em nós, mas também no mundo exterior. O moleiro também só pode moer seu grão na corrente de água porque reconhece as leis da Natureza, as leis da água, e constrói o moinho com sua mó colocada de tal modo que seja girada pela corrente aquática fazendo girar as pás e moendo o grão.

Assim, o "buscador" tenta reconhecer as leis da Natureza, porém de qualquer forma no intuito de deixá-las agir dentro dele segundo sua própria vontade. Remove todos os obstáculos que seu anterior modo tolo de viver colocou no caminho da Natureza. Inicia a prática do autocontrole e da concentração mental.

É assim que une em si mesmo os dois mundos, este e o outro, ao passo que enquanto ainda estava no estágio da "Grande Sacerdotisa", queria conhecê-los separadamente. Ele permite que seu espírito, seu *Self*, que sempre foi e que sempre permanecerá imaterial, do outro mundo, controlem o seu ser físico; o homem deixa de ser escravo dos seus desejos e tenta usar seu corpo como um instrumento maravilhoso. Mas não deixa de cuidar do corpo por esse motivo: na verdade, cuida dele com muito carinho, pois de outro modo seu espírito não se poderia manifestar completa e perfeitamente por meio dele. Não se esquece de que seu *Self* também ajudou a criar seu corpo, pois compreende que o corpo é a sua imagem, que seu corpo é ele mesmo, mesmo que seja apenas uma remota manifestação do seu próprio espírito. Esse homem faz um grande progresso, visto que percebe que há apenas *um* universo abrangente e ilimitado, que toda a Criação é uma única unidade indivisível.

A carta da Rainha tem o número 3 e a sua letra é GHIMEL. O número 3 representa a harmonia perfeita e o equilíbrio. Os três ângulos do triângulo eqüilátero são eqüidistantes um do outro de forma que a sua correlação não causa tensões insolúveis, como acontece, por exemplo, no caso do quadrado e de todas as outras figuras geométricas. O número 3 também indica a Santíssima Trindade e os três aspectos de Deus, o criador, o preservador e o destruidor. Todos os fatores criadores têm três aspectos. Trata-se das três dimensões do espaço: comprimento, altura e largura; os três aspectos do tempo: passado, presente e futuro; os três aspectos da vida terrena: nascimento, vida e morte; e os três mundos sob regência da rainha do céu: céu, Terra e inferno. Esses três aspectos são manifestações de uma única unidade. No nível da "Rainha do Céu", o homem conscientemente une esses três aspectos num ser, nele mesmo. Ele vive nas três dimensões, no espaço, no tempo e está consciente de que seu corpo nasceu e que morrerá, assim manifesta os três aspectos da vida, embora compreenda que todos esses aspectos se referem apenas ao seu ente mortal. O verdadeiro *Self*, o seu ser divino não conhece todos esses aspectos. Não conhece nem tempo nem espaço, vida ou morte, passado ou futuro, pois conhece apenas a eternidade e a vida eterna, só conhece o presente absoluto, o "eterno Agora". E agora o homem entende também que céu, Terra e inferno são três estados de consciência e que, conforme o nível com o qual se identificar será feliz ou infeliz. Se se identificar consigo mesmo, com o seu espírito e buscar os prazeres espirituais, será feliz e, portanto, estará no céu. Durante a sua vida na Terra ele experimentou alegrias e tristezas, mas estas são efêmeras. E caso se identifique com seus impulsos e se torne um escravo do seu corpo, perder-se-á, desesperar-se-á e quando isso acontecer, terá mergulhado no inferno.

Neste nível de consciência o homem já entendeu a Natureza, a rainha, e tenta aplicar na prática, tenta concretizar as verdades que aprendeu e que entende muito bem na teoria.

A letra GHIMEL significa a garganta humana onde se formam todas as palavras que nasceram no cérebro. Esta letra simboliza a manifestação material das idéias do intelecto. Na Cabala é a terceira *sefirah* e corresponde à *Binah*, a inteligência prática.

Carta 4 do Tarô

O REI

Número: 4
Letra: ד Daleth

 Esta é a imagem de um homem forte com todos os atributos de um regente. Senta-se sobre um cubo como se fosse um trono. Ele rege o mundo da matéria. Os romanos o denominaram Júpiter. O fato de estar sentado sobre o cubo representa o sinal de Júpiter ♃ . A linha curva para cima repousa sobre o signo simbólico da matéria, a cruz.
 O rei usa um elmo amarelo enfeitado de vermelho, cuja forma é de seis pontas no alto como se fosse uma coroa. Essas pontas indicam uma estrela hexagonal, formada por dois triângulos entrelaçados. Quando estes são projetados para a terceira dimensão, formam-se dois tetraedos entrelaçados, os quais estão ocultos dentro do cubo.
 A cor amarela do elmo mostra que o rei manifesta seus elevados poderes espirituais e sua sabedoria nos pensamentos, na fala e na escrita. Os contornos vermelhos do elmo, por sua vez, indicam espiritualidade e sabedoria. A cor escura do cabelo e da barba é simbólica e significa a preocupação com o mundo material. Na mitologia romana, trata-se de Júpiter, na grega é Zeus, o deus do conhecimento e o regente celestial da Terra.
 O seu ser interior está vestido de vermelho. Contudo, só podemos ver essa roupa nas pernas, sobre os joelhos e nos braços. O resto da roupa íntima está coberto com outras peças de vestuário. Sobre o peito e nos ombros, o rei tem uma couraça azul-clara. Na parte da frente, sobre o peito, vemos à direita o Sol e à esquerda a Lua. A couraça indica o fato de ele não ser influenciável e mostra a sua força de resistência contra os inimigos e os ataques do exterior. O Sol e a Lua indicam que ele une em si mesmo essas duas grandes forças, a positivo-masculina e a negativo-feminina, que dispõe das duas energias e que trabalha com elas no universo. Ao redor do pescoço ele tem uma grossa corrente dourada que simboliza seu grande bom senso.
 A couraça está ornamentada com uma orla em padrão geométrico cuja borda é amarela e em parte cobre o uniforme azul e as mangas azuis. Isso indica espiritualidade, boa vontade e gentileza. Os pés estão calçados com meias azuis, o que significa que os seus passos sempre são conduzidos pelo amor e pela humanidade. Na mão direita ele segura um poderoso cetro que termina em três grandes folhas em forma

de taça, uma flor-de-lis. O rei segura o cetro na mão direita, o que demonstra que ele trabalha com as forças masculino-positivas.

Na mão esquerda o rei segura um globo imperial verde. Este significa que ele tem poder sobre o mundo terreno. Esse poder, no entanto, não é a violência rude, mas a força irresistível do amor universal. Por essa razão o globo imperial na sua mão é tão grande e tem a cor verde.

O rei está sentado sobre um grande cubo amarelo, no qual se vê o desenho de uma águia marrom. O cubo é a mais simples das formas de cristalização da matéria, a forma cristalizada dos sais.* O fato de o rei estar sentado sobre um cubo significa que apesar de ele se encontrar acima da matéria graças à sua espiritualidade, ainda assim precisa dela e do mundo material como base estável em que fundamentar sua atividade. Ele domina a matéria e também a usa para transformar forças materiais em forças espirituais. Para revelar este fato, o rei assume uma tal postura, de modo que suas pernas formem uma cruz, o símbolo da matéria.

O cubo representa uma matéria muito delicada através da qual o rei demonstra a sua sabedoria. Essa matéria é o cérebro humano. É essa a razão de o cubo ser amarelo. Trata-se de matéria inteligente. Os homens revelam as verdades superiores, seus conhecimentos e as idéias divinas do rei do céu através do cérebro. Sem isso, o rei não poderia expressar sua sabedoria nas idéias, na fala e na escrita, nem transmiti-las. A águia escura é o símbolo da matéria, que, no entanto, não mais revela os instintos inferiores e rasteja pelo solo como um escorpião, mas que serve à revelação de pensamentos elevados e do mundo espiritual e voa como águia, bem alto no céu. A águia vira a cabeça para a direita, portanto para o lado masculino-positivo, simbolizando com isso que a força com a qual o rei atua sempre é a masculino-positivo-doadora. Entenderemos melhor o significado desse cubo se pensarmos na Caaba, o ponto central do culto religioso dos maometanos, em Meca. A Caaba é uma construção notável em forma de cubo, que, segundo a tradição, já foi edificada assim ainda antes de Abraão. Em todo o mundo, os maometanos viram-se na direção da Caaba ao rezarem. E cada maometano, tão logo surja uma oportunidade, faz uma romaria para a Caaba, ao menos uma vez durante a sua vida. No interior da Caaba há doze lâmpadas de prata no meio de três colunas, entre as quais fica a décima terceira. As três colunas simbolizam a Trindade divina e as doze lâmpadas os doze signos zodiacais com o Sol na posição central. A Caaba não tem janelas; apenas uma única porta que está a sete pés de altura e aonde se consegue chegar só com a ajuda de uma escada de sete degraus. Os maometanos chamam a Caaba de "a casa de Deus", o que nada mais é do que o próprio homem. O simbolismo da Caaba está tão claro que quase não é preciso explicá-lo: a Caaba é o cubo, a matéria, o corpo

---

* Veja mais sobre o assunto em *Initiation*, da mesma autora.

do homem, no qual mora o Si mesmo divino, DEUS. As três colunas representam a trindade divina, que reanima o corpo com as forças divinas do Logos. Cristo disse: "O reino dos céus está em vós." (Lucas, 17:21.) O mesmo símbolo, o cubo que contém o princípio divino mostrado aqui como o cordeiro que se oferece em sacrifício, aparece no Apocalipse. João nos conta a sua visão: "E veio a mim um dos sete anjos do Senhor... e falou comigo dizendo: 'Aproxime-se que lhe mostrarei a noiva, a esposa do Cordeiro. A consciência do homem que busca a unidade com o princípio divino.' E me levou em espírito até uma grande e alta montanha, mostrando-me a grande cidade, a cidade sagrada de Jerusalém, manifestação do céu de Deus. E o que falava comigo tinha uma vara de ouro, com a qual queria medir a cidade, suas torres e muros. E a cidade era quadrada, *a largura, o comprimento e a altura da cidade são idênticos.* (Portanto, um cubo!) E a cidade era toda de ouro, e as ruas eram de ouro, polido como vidro. E não vi templos na cidade; pois o senhor, o Deus todo-poderoso, é seu templo e seu Cordeiro. A cidade não precisa nem de sol nem de lua, para que haja luz: a majestade de Deus a ilumina, e o seu brilho é o Cordeiro." (Apocalipse, 21:9-23.) Como vimos, o visionário da Bíblia viu o corpo do homem redimido, também como um cubo tornado transparente, a forma primordial cristalizada da matéria, da qual a Luz de Deus, o princípio divino auto-imolador, o Cordeiro, brilha com sua luz divina.

Na frente do rei, encontramos a mesma flor que já vimos atrás do mago, quando ainda em botão. No caso do mago, a flor significava que o homem ainda não está consciente de que grande parte do seu ser ainda está *por trás* do seu consciente, ainda está no inconsciente. Aqui a flor já se encontra *diante* do rei do céu e começa a se abrir. Portanto, a flor não é mais um botão. Neste nível, o homem já está mais consciente do que no nível do "Mago". Já domina o próprio corpo, controla a própria forma material. Até certo ponto, já tem autocontrole. Usa o corpo como fonte de energia e transforma as forças físicas em forças espirituais, acelerando assim o seu progresso no longo caminho que leva ao grande objetivo. Agora a sua alma não é mais um botão; desdobra-se gradativamente e irradia a luz divina, o amor. Reconhece que nosso nível espiritual não depende tanto do quanto sabemos, e sim muito mais da quantidade de amor que manifestamos ter. O que ele aprendeu e alcançou intelectualmente precisa ser concretizado. O homem não deve guardar para si sua experiência e conhecimento; precisa transmiti-los aos que ainda não foram iniciados e que vêm depois dele. Já tem autocontrole e controla os desejos físicos. Por isso, usa o poder assim adquirido para ajudar a si e também aos seus semelhantes. Vê o grande objetivo e devota toda a sua vida à tarefa de tornar-se mais espiritualizado, ao mesmo tempo que induz os outros a uma maior espiritualidade. Ele leu e aprendeu uma porção de coisas e ouviu grandes homens que já atingiram o objetivo: falar sobre as verdades divinas. Ao mesmo tempo, no entanto, adquiriu uma boa quantidade de experiência individual e pode, portanto, transmitir seus tesouros para outras pessoas. Mais e mais pessoas vêm procurá-lo pedindo conselhos e ajuda, e ele tenta aliviar os sofrimentos humanos. Ajuda quando é possível e manifesta compaixão e amor. O amor universal se desenvolve no seu coração da mesma forma que a flor abre suas pétalas.

À figura do rei atribui-se o número 4 e a letra DALETH.

O número 4 é uma forma geométrica, tal como o quadrado ou a cruz, e é encontrada no cubo.

Se abrirmos um cubo, teremos a cruz. Todos os seis lados de um cubo são quadrados retangulares. Através do mundo e em cada religião, o quadrado e a cruz são os símbolos da matéria. Nas duas hastes da cruz, no tempo e no espaço, o espírito do mundo, Logos, Cristo, é crucificado. O presente absoluto está no ponto de intersecção das duas hastes da cruz. É onde se unem o tempo e o espaço. Para nós, espíritos encarnados, este ponto, o absoluto presente, é a nossa única possibilidade de atingir a REDENÇÃO, a LIBERTAÇÃO enquanto estamos no corpo. Caso contrário, somos "crucificados" no tempo e no espaço. Se conseguirmos suportar o presente absoluto com total consciência, seremos libertados da "crucificação" no tempo e no espaço. Seremos então ressuscitados na eternidade. O corpo humano crucificado como símbolo é tão antigo como a própria humanidade. Crucifixos de milhares de anos foram encontrados em escavações por todo o mundo, na América e no Oriente.

O número 4 também ocorre como um símbolo dos quatro grandes rios que surgem no meio do Paraíso e correm nas quatro direções do céu. Na visão de Ezequiel também vemos o simbolismo do 4 nos quatro grandes sinais do Zodíaco: leão, touro, anjo e águia. Da mesma forma o encontramos nas quatro faces de Deus na filosofia religiosa hindu.

A carta do tarô O REI complementa a carta do tarô A RAINHA. O rei é o positivo-masculino; a rainha, o negativo-feminino, lados de uma única unidade divina. Os números 3 e 4 juntos perfazem o 7, que é o número-chave do mundo terreno. Por isso, há sete degraus na escada que sobe para a Caaba em Meca. Se pudermos somar o número sete de acordo com as normas da numerologia, 1 + 2 + 3 + 4 + 5 + 6 + 7, obteremos o número 28. A soma dos dígitos do número 28 é o número da perfeição divina, a plenitude da Criação, o número 10. O zero não tem valor numerológico porque simboliza o espaço. Portanto, resta-nos o número divino 1 como resultado final. O resultado é o mesmo se adicionarmos o número 4 de acordo com esses princípios, 1 + 2 + 3 + 4 = 10. Outra vez, o resultado final é 1.

    A letra DALETH é a representação do princípio animador e ativo do universo. Através de Deus ela capta as imagens do corpo e todas as diferentes formas da matéria. DALETH corresponde à quarta *sefirah*, *Hesed*, que significa amor e gentileza.

Carta 5 do Tarô

O GRANDE SACERDOTE

Número: 5
Letra: ה He

Nesta carta vemos uma figura masculina com todas as insígnias de um importante mandatário da Igreja. Trata-se do Grande Sacerdote. Está sentado num trono do qual só vemos duas colunas do encosto traseiro. Já não há cortina entre elas, pois não há nada a ocultar. O rosto do Grande Sacerdote também não está velado. Ele mostra francamente o rosto; também não tem nada a esconder.

Seu cabelo e barba brancos mostram que ele é um ente espiritual. Nunca se tornará mundano mesmo que esteja atuando no mundo terreno-material. Sempre permanecerá espiritual.

O grande sacerdote usa uma tiara amarela com três aros dourados ao redor e termina no alto com uma cruz, símbolo do mundo material. Os três aros simbolizam os três mundos sobre os quais exerce seu poder, ou seja, o céu, a Terra e o inferno. Ele pode abri-los ou fechá-los aos homens, pode fazê-los entrar ou sair deles.

Sua roupa se parece com a da Grande Sacerdotisa. Seu ser interior está impregnado de amor universal. Por isso traz uma roupa azul no corpo. Por cima, usa um casaco vermelho que lhe cobre toda a figura. Por meio desse casaco, o Grande Sacerdote revela para o exterior sua grande espiritualidade. A barra amarela do manto indica que ele revela sua espiritualidade através de idéias e palavras. A cor verde da face interior do casaco significa simpatia, bem-querer e cordialidade.

Ele usa luvas brancas com cruzes azuis na parte superior. Isso significa que, mesmo se entrar em contato com o mundo material, suas mãos continuarão limpas, a despeito de todas as impurezas deste mundo terreno. Na mão esquerda, segura um cetro que termina numa cruz tripla. Como os aros dourados de sua tiara, este simboliza os três mundos: o céu, a Terra e o inferno.

Há duas figuras ajoelhadas à sua frente. Sua roupa por si só revela que são seus opostos complementares. A gola de uma delas é vermelha e o casaco escuro; a outra tem gola escura e casaco vermelho. Uma tem cabelos claros, a outra escuros. As duas figuras simbolizam o pólo positivo e o negativo, mas ao mesmo tempo simbolizam os dois sexos, o positivo-masculino e o negativo-feminino. Elas ouvem o que o Grande Sacerdote lhes ensina. A figura masculina de cabelo preto olha para ele e ouve pensativa. A figura loira, feminina, oculta o rosto nas mãos e parece estar assustada. O homem moreno coloca sua mão direita nos ombros dela, animadoramente. Os dois simbolizam o estado interior de alma de um homem que está no nível da carta do tarô O Grande Sacerdote! Sua natureza positivo-masculina já tem a coragem de seguir suas convicções interiores, mas nele o âmbito físico-terreno está assustado e lhe dá a impressão de que talvez possa perder algo valioso. No entanto, a verdade atua fortemente sobre ele e a cada experiência ele se espiritualiza um pouco mais. Isso lhe dá forças para viver segundo suas convicções íntimas. Ele sente que não precisamos ser *deste* mundo, apesar de vivermos também *neste* mundo. *Sabe* que tem de se arranjar com seus desejos e que tem de controlá-los. Já alcançou tanto autocontrole que venceu a batalha contra o impulso da automanutenção. Comer e beber já não são mais um meio de obter prazer. Portanto, venceu seus desejos. Agora, entretanto, precisa pôr ordem em sua vida sexual, para dirigi-la na trilha correta. Compreende que não é um ser sensual, mas que através do sexo tornou-se um *ser humano*. Percebe com clareza que seu espírito não tem sexo e que, quando o espírito do homem despertar e se tornar consciente, não se sentirá mais como "homem" ou "mulher", mas sim como "ser humano". Sabe que, ao atingir o objetivo, nos tornamos andróginos. Mesmo que o seu corpo só revele uma parte do todo, portanto um dos sexos, sua consciência, entretanto, transcende o sexo. Este homem tenta viver segundo essa sua visão, e tornar-se como uma criança, mesmo que nem sempre tenha sucesso. Durante este período de trabalho aprende a conhecer várias verdades. Faz em si mesmo a experiência de que seu corpo não representa um mero envoltório vazio para conter seu espírito, porém está, como uma esponja com água, impregnado com as forças do espírito. E as forças do corpo que provêm do espírito, mas que atuam na sua consciência, são tão fortes como ele mesmo, visto que essas energias SÃO ELE MESMO em forma materializada. Por isso é tão difícil dominar essas forças e permanecer conscientemente acima delas, porque é o mesmo que enfrentar a *si mesmo*. Seu *Self* superior lhe dá aulas, da mesma forma que o Grande Sacerdote ensina as duas figuras. E, cada vez ele enxerga melhor, e compreende os estreitos inter-relacionamentos que existem entre seu *Self* espiritual e seu *Self* instintivo que ainda não quer libertá-lo. A verdade, entretanto, é mais forte, e ele compreende que é capaz de sentir alegrias reais e verdadeiras, realizando o amor na união física apenas quando essa união é a manifestação de uma unidade espiritual muito mais profunda. E começa a procurar uma parceira, de preferência compreensiva e amiga, de forma que haja um relacionamento íntimo e um encontro de mentes. Ele compreende que, ao lado da sua vida interior, também precisa organizar e harmonizar sua vida exterior, a fim de resolver seus problemas; para obter satisfação interior ele precisa encontrar o denominador comum da sua vida exterior e interior. Pode parecer estranho dizer isso, mas o destino o ajuda a conseguir isso pois, na medida em que um poder invisível testemunha seus esforços interiores, a Providência lhe traz novas possibilidades e novas tarefas em sua vida pessoal terrena. O simples fato de cada vez mais pessoas virem pedir-lhe conselhos ajuda-o a abandonar seu modo anterior de vida. Ele tem de organizar sua vida de tal forma que possa devotar mais tempo e energia aos seus semelhantes. Ao fazer isso, ele mesmo terá de conhecer a vida de vários ângulos diferentes e aprender a ocupar-se com muitos problemas difíceis que os que procuram ajuda lhe apresentam. Dessa maneira, ele percebe que o céu, a Terra e o inferno de fato existem, não como lugares mas como estados humanos. Em última análise, o estado íntimo e o tipo de vida que o homem leva dependem dele mesmo. Gradualmente, ele descobre que o homem sofre porque está pronto para um nível novo, mais elevado. O homem sofredor alcançou um novo marco no grande caminho. O sofrimento o impele a escalar a próxima etapa em que suas aflições cessam subitamente, porque os problemas que ele achara opressivos e difíceis de resolver até agora deixam de ser tão graves quando vistos de um ângulo diferente.

Portanto, o homem luta no mundo interior bem como no exterior. Através dessa luta ele faz progressos, eleva-se mais alto, seu horizonte se amplia e ele se torna cada vez mais consciente do seu ser.

À quinta carta do tarô, O Grande Sacerdote, corresponde o número 5 e a letra HE.

Os iniciados chamam o número 5 de número de Cristo ou número do Logos. O número divino da plenitude, da criação, é o número 10. Metade dessa soma é 5. No corpo das criaturas vivas, a simetria exige que o Logos divida o número 10 em dois lados simétricos, e em ambas as partes, a metade do número 10 está atuante, ou seja, o número 5. Os seres humanos têm 5 dedos em cada mão; portanto, em ambas as mãos eles têm 10 dedos. Da mesma forma, temos 5 artelhos em cada um de nossos pés. Temos 32 dentes; a soma desses dígitos é 5. A arcada dentária superior tem 16 dentes, o total dos dígitos é 7; a inferior também tem 16 dentes, soma total 7. Juntas somam 14, e a soma desses dígitos é novamente 5. Portanto, o número de Cristo aparece repetidas vezes. O número dos sentidos também é 5: audição, visão, olfato, paladar e tato. E se adicionarmos os membros, os dois braços e as duas pernas juntamente com a cabeça, temos as 5 extremidades do corpo humano, ou mais uma vez o número 5. O corpo humano cabe, assim, na estrela de cinco pontas e a corrente vital circula pelo corpo na forma dessa estrela. Por isso, o lado direito do corpo é animado pela corrente positiva, e o lado esquerdo, pela corrente negativa. Visto que o próprio número 5 é metade do número perfeito da Criação — o 10 —, ele tem um relacionamento íntimo com o número 2 que sempre está contido nele, pois multiplicá-lo pelo número 5 significa *dividir* por 2 e multiplicar o resultado por 10 (uma operação muito simples). Dividir uma soma pelo número 5 significa *multiplicá-lo* por 2 e então dividi-lo por 10. Os números 5 e 2 são complementares e juntos formam o número-chave 7, o qual, por redução cabalística, leva outra vez ao número 10, como a soma dos dígitos, 1 + 2 + 3 + 4 + 5 + 6 + 7 = 28, 2 + 8 = 10.

O fato de o número 10 se manifestar na natureza como duas metades complementares, simétricas — duas vezes 5 — como os cinco dedos de cada mão, e assim por diante, salta curiosamente à vista quando adicionamos os números de 1 a 10: 1 + 2 + 3 + 4 + 5 + 6 + 7 + 8 + 9 + 10 = 55, juntos, 5 + 5 = 10! A carta 5 do tarô, O Grande Sacerdote, complementa a carta 2 do tarô, A Grande Sacerdotisa, pelas mesmas razões.

Na Cabala a letra HE corresponde à quinta *sefirah*, que é chamada *Gevurah* e significa medo, julgamento, força. Em hieróglifos significa respiração. A vida é continuamente criada e preservada através da respiração, e disso surge a idéia da espiritualização completa.

Carta 6 do Tarô

A ENCRUZILHADA

Número: 6
Letra: ו Vau

Nesta figura tornamos a ver o "mago". Desta vez, ele não usa o chapéu que representa o espírito infinito. Portanto, o que lhe acontece aqui não diz respeito ao seu espírito. O cabelo claro cai solto, a cor amarela demonstra sua alta inteligência. A túnica é vermelha e verde. As cores estão invertidas na saia curta; verde do lado direito e vermelho do lado esquerdo. As cores das pernas correspondem às do peito. As mangas são amarelas. A vestimenta significa que todo o seu ser e cada passo que ele dá são guiados pela espiritualidade, pela caridade e pela humanidade. Interiormente, também, ele está imbuído desses princípios. Sua atividade, representada pelos braços, é orientada pela razão. Ele sempre avalia cuidadosamente os prós e os contras do que está para fazer. As mãos estão cruzadas sobre o peito como se estivessem protegendo-o das influências exteriores. Os olhos estão baixos, pois ele evita olhares sugestivos que buscam penetrar seu íntimo. Acima da cabeça ele tem uma estrela com doze pontas e dentro dela há um círculo com um anjo prestes a lançar um dardo contra o mago. As doze pontas da estrela sugerem os doze signos do Zodíaco e, portanto, as energias criativas que organizam o mundo visível.

O jovem encontra-se na encruzilhada do caminho, de cada lado uma mulher. À direita, reconhecemos a rainha do céu com a coroa sobre o cabelo ondulado e a roupa azul e vermelha. À esquerda, vemos uma mulher de cabelo preto: ela usa uma roupa amarela sob uma capa verde. Já sabemos que amarelo é a cor da razão mas, neste caso, o amarelo e a estreita faixa de pescoço, o cinto vermelho, bem como a flor vermelha nos cabelos são símbolos da sua fria e racional atitude calculista, que nada tem de espiritualidade e crença. Está faltando a cor azul. A capa verde simboliza a falsa aparência de cordialidade e simpatia destinada a iludir suas vítimas. Ambas as figuras tocam o "mago", elas o seduzem para segui-las.

As duas mulheres simbolizam a luta interior do homem na encruzilhada dos caminhos. Em algum ponto da nossa vida, todos temos de escolher uma direção. Precisamos optar por um dos caminhos: o da direita ou o da esquerda. O lado direito nos leva para uma vida virtuosa por meio de difíceis lutas que envolvem renúncias e sacrifícios, mas que ainda assim nos oferece grande dose de alegria pura e de *amor verdadeiro*. O lado esquerdo nos atrai para o sucesso fácil, sem luta, para uma vida licenciosa e pródiga, em que encontramos prazeres efêmeros na gratificação dos nossos desejos e necessidades físicas. Entretanto, esses prazeres inevitavelmente deixam um travo amargo na boca e arrastam nossa consciência para um nível inferior. O final dessa vida é o caos interior e a destruição da alma.

 Os dois caminhos são simbolizados pelas duas figuras femininas. Contudo, isso não significa que *um homem* que esteja na encruzilhada tenha necessariamente de optar por uma das *duas mulheres*. É claro que isso pode acontecer, mas será apenas um caso entre vários, em que uma pessoa, homem ou mulher, se encontra nessa encruzilhada. Quantas vezes ocorre de um médico, um cientista, um artista ou um comerciante, por exemplo, terem de escolher entre o sucesso fácil pelo qual, todavia, terão de se vender e desistir de sua convicção íntima, ou por uma vida árdua que, ao permitir-lhes agir segundo suas crenças, lhes nega, contudo, o sucesso mundano e o conforto material. O dr. Hahnemann desistiu de sua clínica porque não concordava com os métodos de tratamento empregados naquela época. Preferiu passar fome com toda a família, ganhando um parco salário de tradutor, do que vender-se e às suas mais profundas convicções. Em seguida, fundou a homeopatia e tornou-se mundialmente famoso! No entanto, por quantas privações precisou passar com a família enquanto isso! Há também o caso de um homem como Böcklin a quem um comerciante de artes prometeu polpuda quantia de dinheiro se ele alterasse um cisne de pescoço delgado num dos seus quadros, curvando o pescoço de uma maneira extravagante. Böcklin hesitou por um momento ao pensar na família, mas logo respondeu: "Não! Não posso fazer isso! Neste quadro o cisne tem o pescoço ereto." E a família Böcklin continuou a viver frugalmente, mas o artista não desistiu da sua convicção, nem vendeu seu *Self*. Podemos ainda mencionar outros exemplos: Lutero, que rejeitou a alta patente eclesiástica a ele oferecida pelo papa como prêmio pelo seu silêncio, preferindo tornar-se vítima da perseguição religiosa a trair sua crença. Rembrandt sofreu da mais abjeta pobreza e quase morreu de fome a fim de pesquisar os segredos da luz e da sombra, em vez de pintar retratos de ricas esposas burguesas como se fossem belas mulheres, o que o teria deixado rico em pouco tempo.

 Muitas pessoas experimentaram essa divisão de caminhos em si mesmas e sabem o que significa "vender-se ao diabo". Jesus de Nazaré também foi tentado pelo demônio no deserto. Prometeu-lhe este os reinos do mundo se ele renunciasse à sua fé, seguisse o diabo e fizesse tudo o que este ordenasse. Quantas pessoas estiveram diante da mesma encruzilhada e tiveram de expulsar o demônio com as divinas palavras: "*Apage Satanas!*" (Vai-te, Satanás!).

 Naturalmente, pode acontecer de o homem neste nível de consciência ter de fato de escolher entre duas mulheres — ou uma mulher entre dois homens. Ou talvez apenas tenha de optar entre dois modos de vida. A questão aqui é se, tendo em vista o proveito material, um homem trai sua convicção íntima, sua voz divina interior, vendendo dessa forma o próprio *Self* divino, ou se ele obstinadamente obedece à sua voz interior e segue suas convicções. Isso significa que *ele faz a vontade de Deus*! E a maior felicidade de todas consiste num homem estar satisfeito em e consigo mesmo, pois isso significa nada mais do que o fato de DEUS estar satisfeito com ele!

Na figura, o anjo está prestes a disparar a flecha contra o coração do mago. Ele sabe muito bem que o mago *pode* e *necessariamente* escolherá *só* o caminho certo. Pois qualquer caminho que escolher, ele escolherá o certo para *si mesmo*, visto que ambos os caminhos o levarão ao mesmo objetivo, a DEUS. Trata-se apenas de uma questão de tempo, pois o da esquerda é ligeiramente mais comprido do que o da direita. Para DEUS, não existe o tempo. Se o homem é inexperiente, ele escolherá e *terá* de escolher o caminho da esquerda, a fim de eliminar sua falta de experiência. Neste caminho da esquerda, ele compreenderá que se torna infeliz, que mergulha no caos e que destrói a alma. Ele se perde no caminho e cai da unidade, cai do *SELF* divino. E esta é a maior desgraça, isso é o inferno. Então ele tem de retroceder, tem de "converter-se" e descobrir o caminho para fora desse inferno. Precisa encontrar o caminho certo: agora tem um rico acervo de experiências, portanto não corre o risco de se perder outra vez. Depois de pensar, certa noite no palácio, no tipo de vida inútil que estava levando e em como esta poderia rebaixá-lo, Buda retirou-se para viver no isolamento e encontrar DEUS, para tornar-se o BUDA.

Outro exemplo aqui na Europa: no meio de uma reunião de bêbados, Francisco de Assis refletiu e veio-lhe à consciência o que de fato fazia. Levantou-se e foi embora para sempre a fim de tornar-se o grande e santo Francisco de Assis.

Portanto, no caminho da esquerda o homem precisa, mais cedo ou mais tarde, despertar. Assim, nunca mais se desviará por achar que a felicidade pode ser encontrada ali. Ele precisa encontrar o caminho correto e avançar por ele a fim de alcançar a grande meta. Cada um de nós tem de fazer esta experiência no caminho da esquerda que ficou para trás, se quiser percorrer o caminho certo. Pois, se escolher diretamente o caminho da direita, *sem a necessária experiência*, será incapaz de resistir ao demônio sempre que este o tentar na forma de alguma tentação na vida diária. Como não tem a força da experiência, ele cai. Portanto, terá de retornar ao caminho da esquerda, a fim de fazer experiências.

Mas se o homem trouxer essas experiências de uma vida anterior, ele pode escolher, e o fará, diretamente o caminho correto. Quando ainda é inexperiente, ele escolhe, com um *desvio para a esquerda*, o lado direito; e quando já tem experiência, ele escolhe o lado direito, *sem desvio*.

O anjo que está no centro dos signos representando o papel de Sol, atira o dardo, um raio de luz para o coração do mago. Este, então, escolherá o caminho que corresponde à sua experiência, quer seja curto ou longo, direto ou indireto rumo ao objetivo, rumo a Deus.

À carta de tarô A ENCRUZILHADA corresponde o número 6 e a letra VAU.

O número 6 resulta de dois triângulos incluídos um dentro do outro. Um dos triângulos tem a ponta voltada para cima, o outro a tem para baixo. O que está voltado para cima simboliza a Trindade divina, o outro representa a oposição, o mundo material. Se reunirmos num ponto o ponto central dos dois triângulos, temos a estrela com seis pontas, que simboliza o coração humano. No coração, para o qual o anjo arremessa sua flecha, encontram-se os dois mundos, o espiritual e o terreno. O homem precisa concretizar ambos. No espírito, o celestial, e no corpo, o mundo terreno.

A carta 6 do tarô, A ENCRUZILHADA, é completada pela carta 1 do tarô, O MAGO. As duas juntas dão o número 7, que, por sua vez, como nas cartas anteriores, através de redução mística dos números, resulta no número 10.

A letra VAU significa o olho, portanto, tudo aquilo que se relaciona com luz e divindade. O olho estabelece como que uma ponte entre o homem e o mundo exterior, pois através do olho a luz e o mundo exterior se revelam ao homem. Esta letra corresponde à 6.ª *sefirah*, *Tipheret*, que significa brilho e Sol, portanto, tudo o que se vê com os olhos.

50

Carta 7 do Tarô

O CARRO

Número: 7
Letra: ז Zain

Mais uma vez encontramos "o Mago" na figura. Desta vez, contudo, ele não está mais diante do dilema como na carta 6 do tarô, nem necessita proteger-se contra influências estranhas, tal como quando estava numa encruzilhada. Agora sua postura é resoluta e autoconfiante, não está em pé mas sim num carro em forma de cubo que apressa sua chegada ao objetivo. No ponto de mutação de sua vida, na encruzilhada, ele escolheu o lado direito — como demonstramos — ele *só* podia escolher o caminho da direita — e tornou-se um conquistador.

Agora usa uma coroa com três estrelas brilhantes. Uma das estrelas irradia luz e, como um símbolo da luz, invariavelmente representa a consciência. Neste caso, as três estrelas representam as três fases temporais da consciência: o passado, o presente e o futuro. Afinal, essas três fases do tempo só existem na consciência humana. Agora o conquistador alcançou o estágio em que pode construir conscientemente seu futuro com os tesouros que acumulou no passado.

Ele usa uma capa de malha. A cor revela sua aparência exterior espiritual e sua profunda crença em Deus. Ele usa uma saia curta na qual vemos três círculos amarelos grandes. Os três pontos do saiote em que estão colocados os círculos têm a borda amarela. Os três grandes círculos simbolizam os três mundos, céu, Terra e inferno, os quais ele já reconhece como estados de consciência. A borda amarela demonstra outra vez que ele manifesta sua espiritualidade por meio do brilhante intelecto.

No peito ele traz uma larga faixa azul na qual se podem ver cinco botões, os mesmos que já possuía como "o mago". São os cinco órgãos dos sentidos que o ligam ao mundo exterior. Na mão direita segura a vara mágica que, visto ser ele agora um conquistador, se transformou num poderoso cetro. Tornou-se o regente do seu mundo.

Sobre seus ombros há dois corpos celestes, o Sol e a Lua, que já vimos no peito do rei dos céus. Como um conquistador, o homem também possui duas forças, o poder positivo do Sol e o poder negativo da Lua, e já está inteiramente consciente de trabalhar com essas duas energias criativas.

O carro em forma de cubo lembra-nos o trono do regente dos céus. Aquele, entretanto, não era um carro mas um simples cubo. Agora o conquistador usa esse cubo como um carro, para sua procissão triunfal. Cada um dos quatro cantos do carro possui uma coluna que serve de apoio para um baldaquim azul acima da cabeça do vencedor. As quatro colunas simbolizam os quatro elementos: Fogo, Ar, Água e Terra. O vencedor está entre essas colunas no ponto de intersecção das diagonais e, desta forma, une os quatro elementos em si mesmo, dominando-os. O baldaquim consiste em quatro grandes semicírculos. Em cada um deles há três estrelas, que juntas formam doze. Elas são os símbolos dos doze signos do Zodíaco tal como na figura da Rainha do Céu.

Na parte dianteira do carro há formas extraordinárias em cujo centro reconhecemos a união dos dois órgãos sexuais humanos. Eles repousam um no outro, como o pólo positivo e o negativo no sétimo nível da consciência. Na Bíblia está escrito: "No sétimo dia, Deus terminou seu trabalho, e descansou no sétimo dia de todo o seu trabalho." (Gênesis, 2:2-3.) Na Bíblia, "dia" significa consciência e "noite", o inconsciente. E 7 é o número desta carta. A filosofia religiosa da China representa a divindade, o estado neutro dos dois pólos "em repouso dentro de si mesmos", por Yang e Yin.

A representação dos órgãos sexuais na figura é cercada por uma estreita faixa oval amarela. Isso nos permite entender que o conquistador que escolheu o caminho correto na carta 6 do tarô já sabe intuitiva, bem como intelectualmente, que os dois sexos nada mais são do que um só. Eles são as duas metades do TODO divino. Como um ser espiritual, o homem pode unir as duas metades em si mesmo num nível mais elevado de consciência se quiser ser esse "todo". No corpo ele pode pertencer ao pólo positivo ou ao negativo; no espírito, ele contém ambos os pólos e é andrógino. Mas o que ele tem na cabeça, isto é, *aquilo que ele entende*, ainda está longe de se concretizar. No entanto, a concretização tem de se iniciar com o entendimento. Assim, aquilo que foi entendido filtra do intelecto para o ser. João diz: "E a Palavra tornou-se carne", portanto, aos poucos nos tornamos aquilo que previamente apenas havíamos compreendido. Neste nível de consciência, a pessoa entende a unidade das duas metades, mas *ainda está apenas numa metade*, e não no TODO. Ainda não sente o TODO como um estado de ser.

Acima da figura reconhecemos o símbolo egípcio do Logos, do princípio criador, que passa através do universo criando e animando todas as coisas. Trata-se da forma simplificada do falcão Hórus, um círculo vermelho com grandes asas, uma de cada lado. Portanto, o espírito transcende as separações; ele é a unidade. E o homem que lutou abrindo caminho até este nível espiritual, também é uma unidade em sua consciência. Em seu espírito ele é um TODO. Uma esfinge preta e uma esfinge branca puxam o carro. Conhecemos a esfinge negra da segunda carta do tarô. Naquela, ela estava sentada perto do trono da Grande Sacerdotisa. A esfinge branca ainda não estava visível. No nível de consciência da Grande Sacerdotisa, o homem conhece apenas o mundo material com suas leis. Agora ele já conhece ambos os lados, o direito e o esquerdo, o mundo espiritual e o mundo material. Estes já não apresentam mistérios para ele. Se examinarmos as duas esfinges, compreendemos que elas não são de fato duas esfinges, mas *uma* esfinge com duas cabeças. O mundo material terreno é o contrário da imagem do mundo espiritual divino. O que eu *vejo* e o que eu *sou* sempre são diametralmente opostos. Se estivermos na frente de alguém, vemos sua mão direita do lado da nossa esquerda, e ao mesmo tempo a mão esquerda dele no lado da nossa mão direita. Portanto, o que eu *vejo* não posso *ser*, e o que eu *sou* não posso *ver*. Nenhum artista pode pintar seu auto-retrato, pois na verdade nunca se viu. O que ele pode pintar é o reflexo da sua imagem. Contudo, este reflexo *não é* ele mesmo, não representa o que ele é na realidade. Seu lado direito está do lado esquerdo e seu lado esquerdo do lado direito do reflexo!

Isso vale para qualquer coisa, mas no momento vamos limitar nossa atenção ao exemplo da escrita. Quando olho para a letra E, ela está voltada da esquerda para a direita. Todavia, se eu observar essa mesma letra em estado alterado de ser, ou seja, se eu escrever esta letra E no meu corpo *de forma que eu seja o E*, ele fica na posição contrária, da direita para a esquerda. Na nossa moderna cultura ocidental, depois da queda do Paraíso, lemos e escrevemos da esquerda para a direita. No entanto, ainda existem povos que mantiveram seu estilo de escrita desde os primórdios do tempo, a partir de um estado de ser, e estes lêem e escrevem da direita para a esquerda. Os judeus são uma dessas nações. Eles transmitem o estado de ser ao papel e lêem da direita para a esquerda.

A esfinge branca simboliza o estado de ser e a esfinge negra o estado da queda do Paraíso. Elas tentam caminhar em direções opostas, mas ao fazer isso apenas conseguem o movimento do carro para a frente como resultado das energias contrárias.

O vencedor entende essa verdade e *vê* e *é* as duas esfinges. Ele já conhece a diferença entre o estado depois da queda e o estado divino de ser, mesmo que ainda nem sempre seja capaz de se manter nesse estado. Ele ainda cai, ele se projeta continuamente para o exterior. A fragilidade humana o arrasta; ele ainda não foi capaz de vencê-la de todo. Não obstante, está no caminho de Casa. Assim como o conquistador está em seu carro autoconfiante e ereto, nesse nível o homem também adquire essas características. Ele começa a conhecer seus próprios poderes, embora tenha chegado ao estágio em que admite

53

e não se esquece de que esses poderes não são seus, mas de Deus. Agora ele sabe que sem DEUS ele nada é, sabe que recebe todas as suas habilidades e aptidões da única fonte primordial de todos esses poderes. Tudo o que vive simplesmente recebe energia vital, habilidades e talentos. Miguel Ângelo, Beethoven, e outros titãs não tiraram esses poderes de si mesmos; eles os receberam de DEUS.

O homem não possui energia vital, habilidades e talentos *próprios*. Tudo isso ele obtém de Deus. Assim que compreende isso, perde sua primitiva arrogância e a perspectiva egocêntrica que só podiam provir de sua ignorância: ele se torna modesto. Agora sabe que é apenas uma pessoa, um porta-voz de Deus. Na antiguidade, dava-se o nome de *persona* à máscara que os artistas usavam e que permitia que se ouvisse a sua voz. O homem permite que a voz de Deus se manifeste através dele. Ao mesmo tempo, entretanto, começa a sentir que é DEUS que o ama e o orienta, visto que DEUS ainda tem planos para ele cumprir. Por essa mesma razão, DEUS lhe dá talentos e habilidades, pois ELE pretende usá-lo como um instrumento escolhido para manifestação. O homem sente então que é o filho de Deus e sempre tenta realizar a Sua vontade. Ele já sabe que autoconfiança significa confiança em Deus! Ele sabe que o que tem de bom é DEUS, e que o que é imperfeito acontece quando ele se manifesta, em vez de manifestar a DEUS. Portanto, tenta desenvolver-se ainda mais, a fim de se tornar um porta-voz ainda mais eficaz de Deus. Quanto maior sua percepção da própria futilidade, tanto maior sua autoconfiança, visto que ele é apenas a *persona*, "a máscara" de Deus; portanto, é Deus que fala através dele, instrui e ama todos os homens. Desta forma ele passa a carregar em si com mais eficiência os poderes divinos. Percebe que suas palavras e ações adquirem um poder sugestivo entre seus semelhantes. Ele usa esse poder para ajudar os outros. As pessoas notam a sua superioridade. O que quer que deseje em seu *Self* superior, é capaz de realizar. Torna-se um vencedor em todos os lugares.

Esta é a época de uma procissão triunfal para o homem. Ele venceu a grande luta na encruzilhada dos caminhos. Agora não há mais lutas, e ele não pode imaginar que ainda terá lutas e batalhas mais árduas no futuro. Neste estágio ele descansa sobre os louros da vitória e acredita que a partir de agora o caminho será sempre ascendente, sem exigir-lhe muito esforço em troca. Está satisfeito consigo mesmo, e está satisfeito com o mundo. Vê tudo sob a perspectiva otimista. Além disso, a sua riqueza lhe traz amplo reconhecimento e honrarias. As pessoas que ainda não sabem de onde ele extrai as forças vitais que lhe dão energia, o admiram. Tornam-se suas amigas e pretendem aprender com ele. A diferença entre ele e as pessoas normais não é tão grande que estas não possam entendê-lo. Assim obtém êxito com suas preleções, e, além do trabalho profissional, ele gasta o tempo ocupando-se com seus semelhantes. Por toda parte, encontra reconhecimento, amor e honras.

Portanto, neste nível o homem encerra o primeiro ciclo do seu desenvolvimento que é representado pelas primeiras sete cartas do tarô. Entretanto, ao mesmo tempo, este nível também é o começo de um novo ciclo que se inicia com a carta 7 e se encerra com a carta 13. Nesse nível de consciência, portanto, o homem encontra-se no final do ciclo passado e no início do futuro ciclo de desenvolvimento.

À carta 7 do tarô atribuiu-se o número 7 e a letra ZAIN.

O número 7 é o número mais importante no nível terreno. Tudo o que é uma unidade aqui na Terra, se rompe em sete componentes. A Bíblia diz que as sete almas de Deus animam o mundo e que a Criação consiste em sete esferas de criação. No Apocalipse de São João lemos que o Cordeiro, o princípio criativo, o Logos, tem sete chifres, que simbolizam os sete poderes criativos. Na Cabala e na filosofia Vedanta hindu, encontramos as mesmas afirmações e os sete níveis são organizados da mesma maneira: o material-físico, o vegetativo, o animal, o mental, o causal, o divino-espiritual e o divino-criativo. Um dos grandes iniciados do Ocidente, Paracelso, afirmou a mesma verdade. O maior produto da criação na Terra — o homem — consiste em sete níveis. A tradição folclórica tem um ditado: "O homem tem sete peles." A Bíblia relaciona mais fatos: as sete vacas gordas e as sete vacas magras indicam os sete anos de fartura e os sete de miséria. E no céu, Deus deu a Noé um sinal de sua ligação com ele: um arco-íris com sete cores. Os sete intervalos de uma oitava; os sete ossos cervicais do pescoço do homem, da girafa ou da toupeira; as sete colinas sobre as quais Roma foi construída e as sete cabeças do dragão nos contos de fadas são todos indícios da grande verdade, o fato de o número do destino do mundo material ser o número 7. A geometria também demonstra a importância do número 7. Cada círculo contém 7 círculos menores em si, cujo diâmetro é exatamente um terço do diâmetro do círculo maior:

É na terceira dimensão que o número 7 adquire sua maior importância: quando o ponto dimensional do irrevelado aparece na revelação e se torna uma linha na primeira dimensão, ele contém três fatores: ponto inicial, ponto final e o intervalo entre os dois. Quando a linha continua e se revela com a mesma energia e velocidade na segunda dimensão, surge a superfície, o quadrado com cinco fatores. Este tem sete linhas laterais e como quinto fator, a superfície interior. Se esta superfície continuar e se revelar na terceira dimensão, surge o cubo com seus sete fatores: seis superfícies e o sétimo fator, o conteúdo do cubo. O número 7, portanto, é o grande número-chave do mundo tridimensional. No Apocalipse, João também fala sobre a nova

Jerusalém sagrada, que é a esposa do Cordeiro. "E a cidade era quadrada, e o comprimento é tão grande quanto a largura: e ele mediu a cidade com a vara de doze mil veredas. *O comprimento, a largura e a altura da cidade são idênticos.*" (Apocalipse, João, 21:16.) Vemos assim que a nova Jerusalém é um *cubo!*

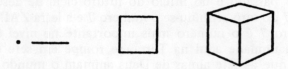

Com as letras do alfabeto o número 7 também tem uma importante ligação. Se dispusermos sete pontos em forma de círculo e os unirmos entre si sem interrupção, obteremos exatamente 31 ligações com o ponto central, o que resulta em 22 fatores. E nosso alfabeto consiste exatamente em 22 letras fundamentais, com o Jod no ponto central. As letras compostas nada mais são do que outras variações, mas não são letras independentes.

A letra ZAIN significa: "Vitória em todos os mundos." À sétima *sefirah* pertence *Netsah*, que significa firmeza.

Carta 8 do Tarô

A JUSTIÇA

Número: 8
Letra: ח   Cheth

Vemos aqui novamente a Rainha do Céu com outra roupa e atributos diferentes. Ela ainda usa a coroa, mas sob esta há um boné vermelho. Isso mostra que agora tem de trabalhar arduamente com o seu espírito. Ela penetra tudo o que existe com a força do espírito a fim de ser justa. O círculo no boné, com um ponto no centro é o símbolo da autoconfiança. A Rainha do Céu já não tem asas, pois não precisa delas. Não mais voa no céu ilimitado, mas desceu à Terra — ao mundo da atividade — para distribuir a justiça.

Ela está sentada num grande trono que lhe dá uma base estável. No encosto do trono há oito botões amarelos — quatro para a direita e quatro para esquerda — sobre um segundo plano vermelho. Eles simbolizam o número 8, que é o desta carta do tarô. O número também é formado ao colocarmos um dos pratos da balança sobre o outro.

Sua roupa é rica em cores. A parte superior do corpete é vermelha com borda branca, a parte inferior é azul, que também é a cor da parte inferior das suas mangas. Ela usa uma saia vermelha e ao redor dos joelhos há um drapeado azul-celeste com forro verde. Como já sabemos, vermelho é a cor que indica espiritualidade no simbolismo, e a cor azul significa pura fé em Deus. A borda branca significa a manifestação do espírito através da pureza, o forro verde manifesta sua simpatia e benevolência para com todas as criaturas vivas. A parte superior das mangas é listrada, o fundo é amarelo e as listras são verdes revelando o fato de sua conduta ser intencionalmente boa e sábia.

Na mão direita ela segura uma longa espada, um desenvolvimento do cetro que aparecia anteriormente. Ela não rege mais com o cetro mas com a espada da batalha. Precisa de uma arma com a qual reforça irresistível e imutavelmente suas decisões e julgamentos. Muitas vezes ela tem de derrubar problemas mais difíceis com a espada, tal como Alexandre, o Grande, que cortou o nó Górdio. Essa espada também simboliza a capacidade de distinção da Rainha do Céu, que a capacita a separar as ovelhas das cabras. A espada do discernimento com a qual a justiça, depois de avaliar cada pensamento, palavra e ação, distingue nos homens o bem e o mal, elimina este último da sua natureza. Na mão esquerda a rainha do céu segura um par de pratos que usa para pesar tudo o que se relaciona com o seu âmbito. A grande questão é se ela acha algo muito leve ou muito pesado, quando mantém ou deixa cair.

Se o homem alcançou a autoconfiança no nível do conquistador, neste nível da justiça, ele precisa finalmente estabelecer a ordem em seu interior. Até agora ele dirigiu sua atenção para o exterior, ocupando-se em reunir impressões da vida, parte em seu íntimo, parte no inconsciente, avaliando sua correção ou incorreção, como se as estivesse guardando dentro de um grande recipiente. Agora alcançou o estágio em que precisa organizar-se intimamente. Ele traz para a consciência as lembranças do inconsciente, e avalia até mesmo as mais sutis impressões para descobrir se merecem ser aceitas ou se precisam primeiro ser digeridas. O homem tem de equilibrar tudo o que traz no íntimo a fim de adquirir o equilíbrio absoluto em si mesmo. Se descobrir lembranças dolorosas que o magoam, precisa encontrar uma explicação a fim de compensá-las, para senti-las apenas como experiências construtivas. Pode até mesmo alegrar-se com elas, visto que tais experiências dolorosas o ajudaram a fazer grande progresso. Traz à consciência a imagem de todos os seus amigos e colegas e tenta descobrir por que sente simpatia por alguns e hostilidade pelos outros. Esse trabalho de elaboração interior pode ter resultados estranhos. Descobre que muitas vezes foi exatamente através dos seus inimigos, mais do que através dos seus amigos – que talvez nem fossem verdadeiros amigos – que fez a maior parte das experiências, tornando-se mais esperto, prudente e sábio. Seus inimigos não o pouparam, lançando-lhe ao rosto a verdade objetiva. Por outro lado, os seus amigos não quiseram magoá-lo e, simplesmente, por consideração ou amor, ignoraram os seus erros evidentes, calando-se a respeito. Contudo, este homem descobre que também tem alguns amigos verdadeiros e leais na vida, que lhe apontaram diretamente os seus erros, mantendo-se não obstante ao seu lado. Agora ele sabe apreciar esses amigos mais do que nunca, e daqui em diante os guardará com carinho no coração, na alma agradecida.

Enquanto o homem faz esse trabalho de análise em seu íntimo, algo de inusitado acontece com ele no mundo exterior. Antes, no nível de consciência da carta 7 do tarô, era em geral apreciado; muitas pessoas vinham pedir seus conselhos. Muitos vinham lhe fazer perguntas sobre assuntos íntimos e espirituais, e muitos queriam suas lições. Portanto, naquela época ele era como um ímã rodeado por pessoas em busca da verdade. Agora que ele não tem mais nenhum compromisso nem consigo mesmo nem com os demais, o número de pessoas que vem em busca dos seus conselhos diminuiu consideravelmente. Ele ainda não aprendeu a ser discreto neste nível; também desconhece que não se pode dizer a verdade para todas as pessoas da mesma forma, visto que nem todas têm o mesmo grau de maturidade. Muitos o acham rude, desprovido de compreensão e de solidariedade. Em vez de manter-se em silêncio, e de tomar cuidado, não manifestando indiscriminadamente suas opiniões, sua franqueza causa certo constrangimento e distanciamento entre ele e as demais pessoas, pelo fato de estas não compreenderem o motivo de sua atitude. Quanto melhor sua aptidão em diferenciar o certo do errado, tanto menor o número dos seus admiradores e seguidores. Do grande círculo de amigos, agora só restam alguns que têm as mesmas idéias. Além disso, ele também avalia os próprios erros e reconhece os que até então não tinha percebido. Agora é mais humilde e não mais tão arrogante com os outros. Contudo, muitos o entendem mal: aproveitam-se da sua nova modéstia, fruto da grandeza interior e da sua objetividade, para diminuí-lo e criticá-lo. Todavia, no atual estado de consciência, o reconhecimento dos outros já não significa mais nada para ele, já não tem a mesma importância de antes. Sua vaidade esgotou-se a tal ponto que a aprovação de sua voz interior, a voz do seu *Self* superior, tornou-se muito mais importante para ele do que o reconhecimento e os louvores do círculo de pessoas à sua volta. Desta forma, ele continua no caminho que escolheu e continua a trabalhar *em* e *sobre si mesmo*.

Assim, o homem cria uma ordem geral dentro dele mesmo, tentando avaliar tudo de forma correta e procurando descobrir o real valor de suas experiências. Procede sistemática e metodicamente. Do caos que havia no seu íntimo surge a ordem divina. Ele registra todas as experiências que fez até o momento e estabelece para cada uma o lugar correto, segundo seu real valor em seu íntimo. Tudo o que fez e tudo o que deixou de fazer é submetido a um impiedoso exame. E compreende que *poderia* ter feito muitas coisas que deixou de fazer, e que *não deveria* ter feito muitas outras que fez. Ele continua a análise para avaliar as coisas: "Essa foi a coisa certa a ser feita, mas isso eu deveria ter deixado de fazer." Toma uma decisão irrevogável: "Da próxima vez farei tudo isso muito melhor! Que Deus me dê essa oportunidade!"

À oitava carta do tarô atribuiu-se o número 8 e a letra CHETH.

O número 8 é o círculo divino que se auto-reflete e assim, se autoduplica: é o símbolo do espírito eterno. Se colocarmos o espírito num espelho, veremos o número 8. O espírito, única realidade absoluta, é refletido no mundo material das visões. Ele se manifesta no mundo material, subjetivamente real e, portanto, transitório. Na Criação, este processo não tem começo nem fim, é interminável e, por essa razão, os matemáticos escolheram este signo como o símbolo da infinitude. Eles o desenham na posição horizontal para que saibamos que não se trata de um 8 comum. Tal como o 8 passa de um círculo para o outro e na mesma direção para a infinidade, da mesma forma o homem circula da sua inconsciência para a consciência, trazendo da primeira para a segunda experiências há muito tempo esquecidas e possivelmente reprimidas. Ele avalia essas experiências, registra-as e julga-as até que, desse caos, crie a ordem no âmago do seu ser. Ele entende que tudo o que aparentemente experimenta no mundo exterior, portanto todo o seu destino, não vem do exterior, mas existe dentro dele mesmo. Se não gostar do seu destino, ele precisa modificar-se. Então o destino lhe dará permissão para experimentar tudo aquilo de que gostaria.

A mitologia grega nos legou uma bela história de Narciso. Ele se viu no reflexo da água do rio e como não sabia que aquela imagem era dele mesmo, voltava de tempos em tempos para olhar para aquele belo estranho. Acontece o mesmo com o homem e seu destino no mundo exterior. Ele não sabe que se trata de uma mera imagem do seu *Self*, do seu espírito. Logo: o número 8 é o reflexo do espírito eterno no mundo das visões, no mundo imaginário, no mundo material.

Na Cabala, a letra CHETH corresponde à oitava *sefirah*: *Hod* significa louvor e esplendor.

Carta 9 do Tarô

O EREMITA

Número: 9
Letra: ט Teth

Tendo organizado o caos interior e disposto todos os valores falsos e reais em seu íntimo, e na ordem apropriada, o homem se retira da "fata morgana" deste mundo e torna-se um ermitão. Entretanto, isso não quer dizer que neste nível de consciência ele de fato se retire para uma caverna solitária. Essa imagem é apenas uma representação simbólica do seu estado interior, mas não a sua aparência exterior no mundo de visões. Ele continua cumprindo seus deveres profissionais e da vida cotidiana, continua usando roupas convencionais e se comporta tal como todos os seus semelhantes.

Na figura vemos um homem de barba e bigode brancos que demonstra não dar mais nenhum valor à aparência exterior, e que, acima de tudo, renunciou à própria vaidade.

Para os que observam de fora, o eremita mostra uma capa cinza-escuro; quando usa o capuz, ela cobre até mesmo a sua cabeça. Esta capa, contudo, está forrada com uma linda cor azul. Isso significa que por baixo da aparência rude exterior, ele tem uma profunda e verdadeira fé em Deus. Por baixo da capa, usa uma roupa cor de laranja. Essa cor é o resultado da mescla de vermelho e amarelo, espiritualidade e inteligência, que juntas constituem a sabedoria divina. No âmago do seu ser não mais existe qualquer qualidade terrena; ele se tornou sábio e todos os seus sentimentos, de simpatia ou de antipatia, de amor ou de aversão são dominados por sua sabedoria divina.

Na mão esquerda ele segura um bastão; não se trata mais da vara de condão com a qual podia fazer milagres, nem é um cetro, símbolo da regência, tampouco uma espada, símbolo da coragem e do poder de discriminação; é um simples cajado que o ajuda a progredir.

Na mão direita erguida, leva uma lanterna simples. Ela nada mais é do que a luz do intelecto, com a qual ele ilumina o caminho na escuridão a fim de não se perder. Ele segura a lanterna de tal modo que apenas ele possa ver a luz. Ele oculta a pequena lâmpada dos olhos dos outros com sua capa solta. Antigamente, ele transmitia todas as verdades e discernimentos novos que descobria para os outros que buscavam. Contudo, aos poucos, passou a compreender que muito poucos o entendiam e era melhor guardar para si mesmo as recém-descobertas verdades. Portanto, não mostra mais gratuitamente a luz do seu intelecto e conhecimento, apenas os revela para os amigos mais íntimos. Aprendeu a *guardar silêncio!*

Diante dele, no chão, uma criatura estranha, um monstrengo. Sua cor vermelha indica tratar-se de uma manifestação espiritual. O monstrinho simboliza os saudáveis instintos do homem que atuam a partir do seu inconsciente e que, com a ajuda da razão o levam, sem possibilidade de erro, ao caminho correto. Tais instintos ocasionam as estranhas "coincidências" da vida, as quais invariavelmente indicam com exatidão a direção que ele deve seguir, as pessoas nas quais pode e não pode confiar, e apontam com quem deve associar-se unicamente com grande cautela no caso de ter de se associar com pessoas de caráter duvidoso. Esse monstrinho, seus instintos saudáveis, sempre porá em suas mãos os livros certos nos quais o homem encontrará as verdades que o orientarão até ele ficar maduro; também lhe permitirá ouvir a voz de Deus nas palavras dos homens. Esse pequeno monstro o poupará de muitos rodeios e o dirigirá irremediavelmente para perto do objetivo. Certo dia ele também *se* reconhecerá nessa criatura, ele a reconhecerá nos próprios instintos.

Quando o homem alcança este nível de consciência, ele sente subitamente um impulso de abandonar tudo e de "ir embora". Compreendeu que o valor dos fatos deste mundo está unicamente no que se pode aprender com eles. Agora que conhece em última análise o objetivo que temos de atingir, por que então continuar a participar dos fatos deste mundo? O trabalho em sua profissão já não lhe dá satisfação, na verdade ele a acha subitamente inútil e fútil. Para que continuar? O homem já sabe que os laços familiares e as ligações com parentes e amigos são passageiras, perduram só enquanto se está na Terra. Quando temos de abandonar tudo o que pertence a este mundo, apenas levamos o que é eterno. Tudo passa, só resta uma coisa: a verdadeira integração espiritual e o amor. Esses o homem pode levar consigo quando vai embora e deixa tudo o que se refere ao mundo terreno para trás. Aqui ele acha tudo cansativo, não quer mais perder tempo, gostaria de viver apenas para as coisas essenciais da vida e trabalhar em seu aperfeiçoamento pessoal, para finalmente poder viver a unidade com Deus. Portanto, ele quer ir embora! – sim! – Mas para onde? Para o Tibete, ou, visto que o Tibete já não serve mais para essa finalidade, então para a Índia, ou para Atos, o legendário templo da Grécia? No íntimo sente um irresistível anseio de ser livre, de ser totalmente livre de tudo o que ainda o escraviza e prende. E já começa a fazer seus planos. Tenta imaginar como vai ser quando for embora – sim, quando sair daqui e chegar ao destino – mas onde? É tão fácil imaginar que se está *partindo*, mas isso significa ao mesmo tempo que *se tem de chegar a algum lugar!* E onde será isso, onde chegaremos e como? Num mosteiro – é possível ser livre num mosteiro? Não! Pois é justamente lá que o homem terá de obedecer de fato e cegamente e, ainda por cima, terá de obedecer a uma ou a mais pessoas que pertencem a um mundo que lhe é totalmente estranho e que nem sequer podem entendê-lo. Portanto, terá de conviver com essas pessoas estranhas, pelas quais não sente simpatia e que talvez tenham hábitos desagradáveis. E terá de se calar, e obedecer, quer goste quer não.

Ou, se não for para um mosteiro, mas se comportar como os hindus, que peregrinam por vários lugares ou então se retiram para uma caverna. — O que acontece? — O que irá comer, pois é preciso que coma! Pedir esmolas? Não, isso nunca! Mas talvez pudesse trabalhar em algum lugar, tornar-se útil, cuidando ocasionalmente dos leprosos? Sim, isso seria possível, e também há tantos que tentam fazer isso; e há muitos que já sabem de antemão que na Ásia sentir-se-ão mais escravizados ainda. Ali teriam menos motivos para viver do que se vivessem em sua própria casa, onde o leiteiro deixa o leite todas as manhãs e onde a casa toda está agradavelmente quente graças ao bom funcionamento do aquecimento central. E se o homem tiver família e filhos e, mesmo assim, for embora, sentirá tanta culpa por causa dos entes queridos que nunca se perdoará por tê-los desgostado. Como poderia sentir-se livre em tais circunstâncias? Será bem melhor, portanto, que fique em casa e, em vez de cuidar de hansenianos, se auto-sacrifique, dando toda a sua atenção e dedicando todo o seu amor ao cumprimento dos próprios deveres no escritório. Desta forma, o homem chega à verdade de que esse "ir embora" não deve acontecer no mundo exterior, mas em si mesmo. Ele precisa e quer fugir e, na verdade, fugir de si mesmo, da própria pessoa, da sua própria posição diante da vida e da sua escravização. Não são as outras pessoas que o mantêm em cativeiro, ele mesmo se escraviza. Pois, ao sentir-se um escravo aqui, levará essa sensação para onde quer que vá. No entanto, se em meio ao trabalho rotineiro e às obrigações familiares se sentir livre, também levará essa sensação de liberdade consigo. Para que ir embora então? Sabe que muitas pessoas fizeram isso, muitos se retiraram para o Tibete, ou foram morar num mosteiro da Índia ou então junto de um grande mestre. Contudo, essas pessoas encontraram nesses lugares a mesma verdade que ele conseguiu descobrir ali mesmo, no seu ambiente atual. Basta sermos maduros! Deus conduz os homens por diferentes caminhos, mas cada um deles leva à mesma grande meta, pois cada pessoa alcança Deus trilhando o seu próprio caminho.

O destino deste homem, portanto, não é fugir de tudo. Então ele fica onde está e tenta livrar-se *em si mesmo*, do próprio ambiente e do seu mundo pessoal: livrar-se *interiormente*.

E as roupas? Ah, como ele ansiou livrar-se da moda, libertar-se das inúteis aparências exteriores! Pois ele compreendeu que o que ele veste não é importante. Pode-se ser um eremita usando roupas comuns, iguais às de todo o mundo. Num mosteiro, precisamos usar o mesmo hábito que todos os outros monges — portanto, "seguir a moda"! E os hindus que não vivem em mosteiros? Pode-se ser livre de todas essas coisas quer se use roupas européias ou se esteja vestido com andrajos caminhando pelas estradas indianas, desde que no íntimo nos sintamos livres. Quando, por exemplo, uma jovem mulher é em essência uma *verdadeira* freira, ela pode até mesmo freqüentar bailes trajando roupas de gala com decotes profundos e, ainda assim, permanecerá uma eremita, porque é assim *por índole*. Da mesma forma, um homem pode andar elegantemente trajado na moda, conviver com pessoas alegres e se divertir, e no entanto, ser *em si* um autêntico monge.

Nesse nível de consciência, o homem se introverte, trabalha em sua evolução interior, e tenta acima de tudo livrar-se do mal. Deixa de lado a importância pessoal, abandona a ambição e já não deseja chamar a atenção do mundo exterior, ou fazer carreira; ou ao menos, ela já não tem para ele a mesma importância. Quer seja homem ou mulher, tenta realizar seu trabalho como se tivesse ido para o lugar para o qual desejava ir em suas fantasias. E enquanto o realiza, sente uma grande e inesperada alegria. Já não mais trabalha para ter sucesso e receber elogios, ou ainda para ganhar mais dinheiro; trabalha, isso sim, no intuito de realizar seu trabalho com a maior perfeição possível. Enquanto isso, esquece inteiramente todas as desilusões de sua vida e graças à concentração no trabalho, esquece o que até há pouco lhe causava sofrimento. Descobre que graças ao trabalho se libertou, e sente alegrias enormes, totalmente impessoais. Agora compreende porque os monges têm de trabalhar, tanto aqui como na Europa. No jardim, na cozinha, ou na biblioteca, ou seja lá onde for, eles têm de trabalhar pelo amor ao trabalho, a fim de se libertarem através dele. Mas também é possível fazer isso em casa, não é preciso abandonar a família, nem os amigos.

À nona carta de tarô atribuiu-se o número 9 e a letra TETH.

Na mística numerológica o número 9 significa a passividade absoluta. Portanto, o eremita também é inteiramente passivo em seu íntimo. Ele se tornou perfeitamente impessoal e não participa mais das coisas mundanas. Quando o homem cumpre seus deveres terrenos nesse nível de consciência, ele apenas o faz com motivos impessoais.

O número 9 tem características extraordinárias. Por exemplo, quando o adicionamos a outro número, quer se trate de um número pequeno ou grande, a soma transversal não se altera. Tomemos como exemplo o pequeno número 17. A soma transversal é 8. Se acrescentarmos 9 ao número 17 teremos o número 26. A soma transversal é 8 outra vez. Tomemos um número maior: 435. A soma transversal é 12, por redução mística, 3. Se acrescentarmos 9 a 435, teremos 444. A soma transversal é 3 novamente. Se acrescentarmos 9 a qualquer número da nossa escolha, a soma transversal será a mesma. Também há outra característica estranha do número 9, basta realizar as seguintes manipulações: escrever os números de 0 a 9 um embaixo do outro. Em seguida, escrever a mesma série de números de baixo para cima e colocar ambas as séries uma ao lado da outra:

0	9	09
1	8	18
2	7	27
3	6	36
4	5	45
5	4	54
6	3	63
7	2	72
8	1	81
9	0	90

O que obtivemos? O resultado da multiplicação do número 9 por um a dez. E se somarmos esses números, teremos sempre como soma transversal o número 9.

Portanto:

```
 1 x 9 = 9  = 9
 2 x 9 = 18 = 9
 3 x 9 = 27 = 9
 4 x 9 = 36 = 9
 5 x 9 = 45 = 9
 6 x 9 = 54 = 9
 7 x 9 = 63 = 9
 8 x 9 = 72 = 9
 9 x 9 = 81 = 9
10 x 9 = 90 = 9
```

E ainda outra característica interessante do número 9: vamos escrever a seqüência de números, um embaixo do outro, começando com o número 1 e aumentando um número em cada fileira. Se multiplicarmos os números por 9 e acrescentarmos ao resultado os números sempre maiores, obteremos os seguintes resultados extraordinários:

```
       0 x 9 +  1 = 1
       1 x 9 +  2 = 11
      12 x 9 +  3 = 111
     123 x 9 +  4 = 1111
    1234 x 9 +  5 = 11111
   12345 x 9 +  6 = 111111
  123456 x 9 +  7 = 1111111
 1234567 x 9 +  8 = 11111111
12345678 x 9 +  9 = 111111111
123456789 x 9 + 10 = 1111111111
```

Poderia apresentar aqui mais algumas características interessantes do número 9, mas isso é dispensável ao nosso tema. Só quis mostrar como o número 9 é um número muito extraordinário e significativo. Ele se autodestrói e, ainda assim, continua vivo. Isso corresponde exatamente ao nível do "eremita" e simultaneamente à perseverança, pois esta é sempre a mesma. Quem acha essas características do número 9 naturais, deve seguir meu conselho: tentar fazer a experiência com outros números. Logo verá que grande diferença existe entre os números!

A letra TETH representa hieroglificamente a idéia de proteção e segurança. TETH designa o anjo da guarda, o que acompanha o homem desde o nascimento. À nona *sefirah* corresponde *Jesod*, que significa o fundamento, a sabedoria.

Carta 10 do Tarô

A RODA DO DESTINO

Número: 10
Letra: ׳ **Jod**

Nesta figura vemos uma roda extraordinária nadando nas ondas de um rio dentro de um pequeno bote. O bote consiste em duas meias-luas, uma positiva vermelha e outra negativa verde. No bote há uma forte coluna cinzenta, circulada na parte de baixo por duas serpentes, uma positiva vermelha e outra negativa verde. Na ponta superior da coluna está presa uma grande roda. No local em que a roda se prende à coluna, portanto, o eixo da roda, há uma manivela. Disso se pode concluir que a roda é girada. A roda compõe-se de dois círculos, um externo e outro interno. O círculo maior externo é vermelho, o menor interno é azul. O círculo vermelho significa espiritualidade, o azul profunda fé em Deus. Os aros da roda são amarelos; as duas rodas, portanto, são mantidas pela inteligência e pelas forças da razão.

Na roda vemos duas estranhas criaturas vivas. Uma se parece com um animal, como um cachorro com corpo humano. Sua cabeça e juba longa são amarelas, o corpo é azul. Na parte inferior do corpo ela usa um xale amarelo, cuja franja solta cai livremente adejando. Na mão ela traz o "bastão de Hermes".

A outra criatura na roda é um demônio com um tridente de Netuno na mão. Em vez de pés, ele tem nadadeiras de peixe, como um tritão. Isso mostra que tem relação com o elemento "água". Sua cabeça é de um escuro indefinido, o corpo é colorido de verde. Ele também usa um xale no corpo, cuja cor também é escura e desagradável como a da cabeça; a parte solta do xale voa livremente, afastada dele. Nessa parte solta do pano vemos que a roda é virada por algo invisível para a esquerda.

Acima da roda, sentada sobre uma tábua amarela, uma esfinge. Nela estão representados os quatro elementos. A cabeça é vermelha e também o lenço de cabeça é listrado de vermelho e branco. A cabeça pertence, portanto, ao elemento Fogo. A cor azul das asas indica o elemento Ar. O corpo tem forma de corpo de leão, a parte de cima é verde, pertencendo ao elemento Água; a parte inferior do corpo é marrom e pertence ao elemento Terra. A ponta do rabo é vermelha como a cabeça, portanto novamente fogosa. A esfinge tem patas de leão; na pata dianteira direita ela segura uma pequena espada.

O que essa estranha figura significa?

Ela mostra o estado de consciência humana que se segue ao nono nível de consciência, que simboliza a imagem do Eremita, no qual o homem se afasta do "mundo", recolhendo-se no âmago do seu ser, libertando-se de tudo o que é pessoal. Ele só participa exteriormente do seu destino, no íntimo está livre e tornou-se prudente. Com grande esforço não só se livrou do "mundo", mas também de todo o seu destino. Agora ele sabe que não pode fugir dos problemas que tem de resolver, pois estes sempre o acompanham. Se fugisse, levaria consigo os problemas e ainda teria outros tantos, que sempre exigiriam dele a mesma solução. Agora está no ponto em que eliminou todos os problemas do destino, jogando-os fora como se faz com uma roupa usada. A solução do seu destino terreno exterior, portanto, não era abandonar a família e o trabalho, mas aprender e reunir experiências. Precisou lidar com todas as circunstâncias da vida, das quais de preferência teria se livrado. Quando o homem aprendeu aquilo que precisava aprender, terá de fazer trabalhos maiores, solucionar problemas mais difíceis ainda, a fim de conhecer novas verdades e viver novas experiências. Então não desejará mais fugir da situação que enfrenta no momento, não desejará fugir do trabalho e do dever atuais, mas aprender tanto quanto possível com eles. Procura com consciência verificar o que ainda pode aprender com as circunstâncias e que benefícios espirituais e mentais lhe advirão delas. Com isso, não percebe que à sua volta ocorre uma gradativa mudança, pois essa mudança não provém do exterior, mas acontece dentro dele mesmo. Ele *reage* a tudo o que lhe acontece de forma diferente. No seu mundo interior, ele é um autêntico *eremita*.

Ninguém percebe nada disso no mundo exterior. Tudo parece como antes, o destino continua a agir da mesma forma. Por enquanto, a diferença está em que o homem começa a observar tudo, toda a sua vida terrena de cima a baixo, da mesma forma que a esfinge observa tudo lá de cima. Intimamente continua a desapegar-se de tudo o que o aprisionara até agora, e permite que a sua pessoa atue como um instrumento de comando, sem que ele mesmo seja atingido por isso. Só percebe parcialmente a solução dos seus problemas; sua alma e seu coração já não participam das soluções. Observa todas as circunstâncias como se pertencessem a uma terceira pessoa. Mantém-se prudente, tal como o seu *Self* superior, simbolizado na figura pela esfinge no alto da roda do destino, observando tudo imparcialmente. Ela segura a espada na "pata" para bater e realizar seus desejos, caso algo vá contra sua vontade.

Nesse nível de consciência, o homem não nada mais no oceano da vida, ele se faz transportar num bote sobre as ondas. Na figura, esse bote é feito de duas meias-luas. Como na figura da Rainha do Céu, a lua significa o caráter do homem. Seu caráter, no entanto, já se tornou bem espiritual, amoroso e compreensivo. É isso o que mostram as cores vermelha e azul das meias-luas. O círculo vermelho e azul também significa que ele vê o seu destino, primeiro do ponto de vista espiritual e depois do âmbito sentimental. Os raios amarelos significam as forças da inteligência que, neste novo nível, desempenham o principal papel.

A coluna vertical na Roda do Destino e as duas serpentes que a envolvem nada mais são do que uma ampliação do bastão de Hermes, o·símbolo do homem, proveniente do grande místico caldaico Hermes Trismegistos. O bastão de Hermes, da maneira como está visível na figura, na mão da criatura animal, possui duas asas na parte superior e termina numa pequena bola. Este bastão simboliza a espinha humana, a esfera, o seu juízo, e as duas asas, o seu espírito que voa alto nas alturas. Duas serpentes abraçam o bastão. Elas se cruzam mais de uma vez, se entreolham e se mantêm em cheque! Isso significa que há tensão entre elas. As serpentes simbolizam as duas correntes de vida nos homens. A filosofia vedântica hindu as chama de dois canais vitais principais: os nadis Ida e Pingala. Pingala, a serpente vermelha, corre à direita, e Ida, a serpente verde, à esquerda da espinha. O canal central da espinha chama-se Sushumna Nadi. A roda da figura representa o destino dos homens, que eles mesmos construíram e que gira ao redor do seu *Self*, como os planetas giram ao redor do Sol. Seus dois grandes impulsos giram com sua pessoa terreno-material. São: o instinto de preservação e o de preservação da espécie, sobre o qual ainda não têm domínio total. Na figura, o instinto de preservação está simbolizado por um animal, visto que é "o animal em nós" como o denominou Paracelso. Este instinto domina o corpo mortal e também a saúde corporal. Por essa razão, o animal segura o bastão de Hermes com as três correntes vitais na mão. Esse instinto governa o corpo a partir de dentro e nos dota do impulso de manter nossos corpos saudáveis, bem como de beber, comer e agir no interesse da nossa saúde. Isso é verdadeiro, ao menos em pessoas *sadias*, caso ainda não tenham destruído sua saúde ou instintos saudáveis com vícios diversos.

O instinto de preservação da espécie é simbolizado na figura por um demônio que atua com os fluidos corporais através dos quais se transmite a vida. Este demônio é o símbolo do instinto inconsciente, sexual, puramente animal do homem, que nada tem que ver com o amor.

Esses dois instintos são ativos apenas no corpo, na nossa pessoa terrena, mas não no nosso espírito, visto que são as manifestações terrenas do espírito. A mesma coisa não pode estar em dois lugares ao mesmo tempo. O divino poder criador manifesta-se no espírito, como poder criador, ou no corpo, como energia sexual. Neste nível de consciência, o homem já está espiritualmente consciente, mas ainda não foi capaz de converter os dois instintos. Não obstante, ele já os domina com a razão, tal como a esfinge na figura domina tudo e determina o que tem de acontecer no corpo, na própria pessoa. O homem rege em seu reino. Os Upanishads dizem com bastante acerto:

*O que, morando na Terra, ainda assim é diferente
da Terra, a quem a Terra desconhece, cujo corpo
é de terra, que controla a Terra a partir de dentro.
Ele é a sua Alma, o Controlador Interno o Imortal.*

Conforme se lê na Bíblia, Terra neste contexto significa o corpo, a pessoa dotada de poderes terrenos. Ela não conhece o espírito, o *Self*, o Imortal — mas o espírito, o *Self*, o Imortal, conhece o Mortal, a pessoa — e rege a partir de dentro, a partir do inconsciente.

Esta carta tem o número 10 e a letra JOD. (No nosso alfabeto, corresponde ao I.)

O número 10 é o número da plenitude, a perfeição da Criação. O círculo ilimitado, o zero, que ao mesmo tempo forma a letra O, simboliza o universo, o espaço ilimitado, o aspecto maternal de Deus. Em si mesmo é o perfeito nada, que, entretanto, está pronto a dar à luz qualquer coisa, e a tomá-lo de volta e a reabsorvê-lo em si mesmo. O zero torna-se um número somente quando precedido por qualquer dos outros nove números. O número 1 e a letra JOD (ou I) são idênticos. São a primeira manifestação original de Deus. Todos os números e letras seguintes se originam desta manifestação primordial. Trata-se da fecundidade de Deus, o Logos, o princípio criativo que cria inúmeros mundos de criaturas vivas, no grande e ilimitado zero, no espaço infinito. A criação atinge a perfeição e a plenitude no número 10. O princípio masculino-positivo, criativo de Deus penetrou e fertilizou o espaço, o aspecto negativo, maternal e tornou-se um com ele.

O número 10, analisado corretamente, é um círculo que contém o poder fertilizador, positivo-criativo de Deus:

A figura da Roda do Destino também representa o número 10. A roda é o zero e o pólo que suporta a roda é o número 1. Entretanto, este número 1 é idêntico à letra JOD ou I.

No alfabeto hebraico, bem como em qualquer outro, todas as letras derivam de JOD ou I. Letras hebraicas são letras de fogo. Cada caráter é uma combinação de chamas. JOD é a primeira chama do fogo divino, do espírito de Deus. Todas as outras formações flamejantes — as letras — procedem desta primeira chama. Assim como o número 1 é o primeiro do qual provêm todos os outros números, também a letra JOD é a primeira, a primeira chama do espírito de Deus, do qual derivam e foram formadas todas as letras seguintes. No nível de consciência da Roda do Destino, o homem precisa penetrar nas profundezas, nas raízes do seu ser, a partir de onde, dotado de nova perspectiva, terá de descobrir um novo rumo e seguir um novo caminho. Assim como na carta 1 do tarô. O Mago, o número 1 e a letra *Aleph* eram o começo; agora, no nível da Roda do Destino, na qual o número 1 está ligado ao ilimitado zero, ele estará novamente diante de um começo, em nível mais elevado. A partir de agora, ele não mais se moverá como figura isolada, mas associado com o zero, símbolo do universo, e avançará dez passos de uma vez. Agora ele não é mais um ser isolado, pessoal, mas começa a participar do universo — daí o zero.

A décima *sefirah* é *Malkuth* e significa reino. Esta carta do tarô encerra a seqüência de *sefiroth*.

A carta 10 do tarô, complementa a nona carta. Juntas, perfazem 19, que, por redução cabalística chega novamente ao número 1: 10 + 9 = 19, 1 + 9 = 10 = 1.

Carta 11 do Tarô

A FORÇA

Valor numérico: 20
Letra: ‫כ‬ Kaph

    Vemos outra vez a nossa Rainha do Céu com seus loiros cabelos e sua coroa dourada. Só que agora ela usa uma coroa com cinco pontas. As cinco pontas simbolizam o número criativo do Logos. Sob a coroa ela usa outro chapéu que, tal como o chapéu do Mago, é o sinal da infinitude. Por sua vez, isso mostra que a FORÇA da bela mulher é infinita, que ela se nutre com a infinitude. O lado direito do chapéu está ricamente forrado com folhas de louro, como sinal da vitória. A aba do chapéu tem à direita uma fita vermelha que chega até em cima do lado esquerdo. Essa borda no lado interno esquerdo é verde.
    A cor amarela da coroa, bem como do lado interior do chapéu mostra que esta figura feminina se manifesta através da inteligência, do bom senso. Os seus braços também são amarelos, portanto ela age sabiamente, mas suas ações revelam além disso bem-querer e compreensão. O bem-querer é demonstrado pela cor verde da parte superior das amplas mangas e dos dois punhos. No corpo ela traz um vestido azul-celeste com cinto vermelho que segura o vestido e sobre este, um amplo casaco vermelho. O vestido azul-celeste é o símbolo da fé genuína em Deus e da confiança Nele. No entanto, a crença e a confiança são observadas e governadas pelo espírito. O amplo manto vermelho, que está solto desde os ombros e chega aos pés da bela mulher, e aberto na frente, simboliza o espírito desperto sempre presente, que cobre e envolve toda ela, para que ninguém veja e talvez faça mau uso do seu suave, delicado e amoroso caráter interior.
    Perto dela há um magnífico leão com patas gigantescas. Seu focinho está escancarado, porque a bela mulher segura e mantém aberta a boca do leão, com mãos femininas. A boca do leão tem dentes poderosos; no entanto, ele não pode morder as mãos da mulher porque ela mantém sua boca irresistivelmente aberta, e sem fazer nenhum esforço. Ela é dotada de tanta força que domina o leão brincando, mantendo-o em seu poder sem precisar esforçar-se.
    Que força é esta, ainda maior do que a de um animal forte como o leão?
    Essa força, a mais forte do mundo, é a força avassaladora e vitoriosa do AMOR.

O homem que no décimo nível de consciência da Roda do Destino lutou com a sua sorte, tornando-se tão prudente como a esfinge, aprendeu muito durante essa luta, mesmo sobre coisas que nem diziam respeito ao próprio destino. Mas sem essas experiências não teria podido dominar o seu destino. Precisou aprender a ser totalmente objetivo no relacionamento com seus semelhantes; aprendeu a pensar e a sentir objetivamente, caso contrário nunca teria podido resolver seus problemas pessoais, nem mesmo os problemas mais simples da vida cotidiana. Mas como poderia se colocar numa perspectiva objetiva? Para conseguir isso, havia um único método eficaz. Ele precisou aprender a *trocar de lugar* em seu íntimo com a pessoa diante da qual estivesse, a fim de entender e aceitar o ponto de vista dessa pessoa. E assim, de repente, todo o acontecimento lhe aparecia sob outra luz. A conseqüência do fato era que este não mais o deixava excitado ou aborrecido. Raciocinava sobre o problema com toda OBJETIVIDADE e calma: encontrava rapidamente a solução.

Primeiro, esse método de se colocar na posição da outra pessoa era regido pela razão. Se algum acontecimento o aborrecia, ele conscientemente respirava fundo e pensava algo assim: "Mantenha a calma, não se excite! Deixe tentar me colocar na posição cujo ponto de vista não posso aceitar no momento, então veremos quem está com a verdade, onde ela está." E então, em sua imaginação, ele de fato "trocava" conscientemente de lugar. E vejam, de repente ali estava toda a objetividade, ele podia examinar o tema e raciocinar a respeito de um ponto de vista objetivo, e resolver o caso para a satisfação geral. Em seguida, com o passar do tempo, precisou cada vez menos dessa imaginação, dessa abordagem racional. Já não era necessário inspirar profundamente para acalmar seus nervos irritáveis e superexcitados. Agora adquiria rapidamente a calma, bastava sua razão ordenar-lhe ficar calmo. E quando surgia outra vez uma situação em que tivesse de se colocar na posição da outra pessoa, obtinha sucesso imediato com esse método. Não era necessário acalmar-se primeiro, e então tornar-se objetivo; podia permanecer composto desde o início e enfrentar tranqüilamente a situação. Como conseqüência, todos admiraram sua imperturbável compostura e resolveram imitá-lo. Pessoas vieram em busca de conselhos para todos os tipos de assuntos. Entretanto, no nível do Eremita, ele já aprendeu a manter silêncio. Assim, nunca mais revela suas profundas verdades interiores aos homens imaturos. Também tem o cuidado de não "jogar pérolas aos porcos", como se diz na Bíblia: antes, segundo as palavras do apóstolo Paulo, "aprendeu a falar a linguagem dos outros". De repente, nota que começa a se interessar pelas pessoas, pelo seu modo de vida, pelo modo como elaboram seus destinos. Mas interessar-se por algo leva à afeição por esse algo. E isso não depende de um ato voluntário. Aconteceu por si só, ele tem de admitir que o amor independe da nossa vontade. Ou amamos ou não. Não depende de nós. Certo dia, quer queira quer não, ele passa a amar seus semelhantes. Primeiro fez isso por uma necessidade interior e agiu por "amor". Gradativamente, no entanto, à medida que seu entendimento pela pessoa cresce, ele pode parar de agir "como se" agisse por amor; em vez disso, o amor e o interesse estão de fato presentes. Coisa estranha é o fato de agora ele se reconhecer em cada pessoa, mesmo nos homens mais rústicos, no nível mais inferior. Está perfeitamente ciente de que ele também certa vez foi positivo e inferior. Nas lutas dos outros, reconhece os próprios conflitos iniciais e é acometido pela simpatia e pela compreensão por seus semelhantes. Através dos outros, portanto, ele ganha autoconhecimento. Cada pessoa é como ele mesmo, cada uma é a sua imagem refletida, muitas vezes até mesmo a sua caricatura, mas, ainda assim, é ele mesmo. Amor é o impulso interior pela unidade e ele começa a amar os homens, os animais, as plantas, todo o universo. Ele se sente um com todos os seres vivos. Este amor nada tem a ver com o nível inferior do amor, a sexualidade. Ele existe apenas no coração e tem origem na unidade espiritual. Este amor é o maior poder na Terra. O amor é vida, amar é SER. E o SER ETERNO é DEUS.

Qualquer pessoa que guarde o verdadeiro amor no coração não precisa manter um sorriso perpétuo no rosto. Amor não significa sentimentalismo, nem se trata de "demonstrar ser bom". O amor nunca precisa de demonstração. Os que o possuem provarão tê-lo através das ações, mas nunca *desejarão* provar que existe. O amor simplesmente precisa *existir* como o motivo para as nossas ações. O Sol não precisa ter *a vontade* de irradiar luz e calor; ele simplesmente irradia luz e calor. Portanto, a pessoa que atingiu o décimo primeiro nível de consciência irradia amor e calor, com o que conquista todos os seres vivos, o mundo todo. Sim, até mesmo o rei dos animais, o poderoso leão! Todos conhecemos esse leão dos nossos sonhos. Como nos sonhos, o leão aqui analisado simboliza as grandes forças do corpo e os dois grandes instintos manifestando-se através do corpo.

Conquanto o leão desta figura já esteja dominado, ele ainda não está inteiramente vencido. A linda mulher ainda tem de segurá-lo, ela não pode largá-lo. Mas o leão já está governado pela mais forte manifestação e poder do espírito, ele foi dominado pelo Amor.

A décima primeira carta do tarô possui o total dos dígitos que formam o número 11, portanto, o número 2, e o 0, que simboliza o espaço ilimitado, portanto o número 20, e a letra KAPH. Até agora tivemos figuras com um único número. Depois das primeiras dez cartas, temos figuras duplas, adicionadas segundo o método cabalístico a fim de se obter a soma dos dígitos. No caso do número 11 ele é 2, o que nunca poderia ocorrer numa unidade. Como o número 2, o 20 também é uma duplicação, porque o 0 não conta na redução cabalística. E portanto, KAPH também é uma letra dupla no alfabeto hebraico.

A figura A Força exemplifica dois fatores — o conquistador e o conquistado. O conquistador é a bela mulher, símbolo da maior das forças: o amor. Ela conquista o leão, símbolo dos dois grandes instintos do corpo e da sua resistência contra o espírito. Também podemos chamar esses fatores de força e vitalidade. Ambos são igualmente importantes, mas a força do espírito, o amor, precisa dominar a vitalidade do corpo.

A letra KAPH corresponde ao nome Chabir (o poderoso) e designa o "primeiro céu" e a primeira causa, que põe em movimento tudo o que possa ser movido. O significado hieroglífico da letra KAPH é a mão humana como um conceito da pegada segura. Por isso, todas as idéias de força correspondem a essa letra.

Carta 12 do Tarô

O ENFORCADO

Valor numérico: 30
Letra: ל Lamed

Nesta figura revemos o nosso Mago. Na primeira carta, ele estava no início do caminho, na sexta carta o vimos na encruzilhada e na sétima como um vitorioso que já tinha dominado suas sete forças. Nesta figura, vemo-lo como um homem enforcado. Acaso tratar-se-á de uma recaída? Claro que não, visto que ele parece estar satisfeito com a sua situação. O rosto mostra-se alegre e divertido. Vamos examinar em profundidade o significado desta carta!

À direita e à esquerda há dois troncos de árvore; reconhecemos mais uma vez as duas colunas de Salomão, Jaquim e Boaz. Ambos os troncos tiveram seis galhos que foram cortados. Ainda podemos ver os tocos. Embaixo, eles são azuis, em seguida a cor vai se modificando até tornar-se verde; os tocos dos galhos podados são vermelhos. Na altura em que ficava o sétimo galho, os dois troncos foram cortados e uma tábua amarela foi colocada sobre eles. O homem jovem foi enforcado nessa tábua. Amarrou-se no seu tornozelo esquerdo uma corda forte, por onde ele foi pendurado na árvore. Ele mantém a perna direita na posição em que forma uma cruz com a perna esquerda. Reconhecemos a mesma cruz que o Rei formava com as suas pernas na carta 4 do tarô. Os sapatos do enforcado são marrom-escuro; sua meia-calça é azul. Ele usa uma túnica feita com pano vermelho e branco, de tal forma que a parte superior esquerda é branca, o lado direito é vermelho e, abaixo do cinto amarelo, o lado esquerdo é vermelho e o direito é branco. Os dois bolsos, em forma de meia-lua, e os seis botões do casaco são vermelhos na parte branca e brancos na parte vermelha. Seus braços são amarelos com punhos vermelhos. Ambas as mãos, verdes, estão atrás das costas do enforcado, ocultas. Com os dois braços ele segura duas bolsas de dinheiro, uma azul-claro e outra rosa-claro. Ele deixa cair moedas de ambas as bolsas. Da bolsa azul-claro caem moedas de prata, da bolsa rosa-claro, moedas de ouro. Os cabelos dourados caem ondulados para baixo.

Esta figura mostra um estado bastante extraordinário, de difícil compreensão para pessoas que ainda não o viveram. Neste estado, o homem vê tudo invertido, diferente do que os outros homens comuns vêem. E porque vemos e fazemos tudo ao contrário, entramos em constante conflito com o mundo exterior.

Como o homem vem a ver tudo de cabeça para baixo? Vamos tentar entender a figura. Logo perceberemos que assim que o homem passa por todos os níveis previamente descritos, terá de atingir este estado inevitável e impreterivelmente.

Ele escalou o tronco que tem seis níveis. Portanto tem de conhecê-los: o físico-mental, o vegetativo, o animal, o mental, o causal e o sexto, o nível puramente espiritual. Neste nível, o homem já não tem mais vontade própria, ele sempre realiza a vontade de Deus. Ouve claramente a voz interior de Deus e sabe o que Deus quer dele; portanto, torna-se um instrumento de Deus. Acontece que neste nível o homem fala face a face com Deus, como Moisés "na montanha". Isso significa que a sua consciência tornou-se igual à de Deus, ele mergulha num estado de ser um com Deus. O jovem mago assentou pé no sétimo nível, no nível elevado. Como vemos, seu pé toca o sétimo nível, PORTANTO, ESTÁ NELE, por assim dizer, *de cabeça para baixo*. Segundo a compreensão humana, ele está *pendurado nele.* Por isso, vê tudo ao contrário. Como podia ser diferente, se já adquiriu o verdadeiro amor espiritual no nível da carta 11 do tarô, e viu tudo da perspectiva da outra pessoa, do ponto de vista divino do AMOR, da UNIDADE? E agora sabemos que o ponto de vista divino e o ponto de vista humano sempre são imagens refletidas um do outro.

Esses dois troncos de árvore revelam algo de grande importância. Os seis nós dos galhos e o sétimo, onde o tronco foi cortado, mostram os sete centros espirituais do homem, que têm sua sede no corpo, nos mais importantes centros nervosos. Na filosofia Vedanta hindu, esses centros espirituais são conhecidos por "chacras". Nunca devemos confundir estes chacras com os centros nervosos em que eles têm sua sede. Um centro espiritual, portanto um chacra, tem o mesmo relacionamento com o centro nervoso onde descansa, que o motorista de caminhão tem com o seu caminhão. Ele se senta dentro do veículo, o põe em movimento e o dirige, mas de forma nenhuma o motorista é o seu veículo! Infelizmente, um grande número de escritores ocidentais que falam sobre os chacras não sabe diferenciar entre os chacras e os centros nervosos, e acreditam tratar-se da mesma coisa. É um grande erro. Esses centros espirituais, os chacras, têm sua sede na guardiã da vida, a espinha. O chacra inferior da espinha, no cóccix, mantém o pólo negativo. Chama-se Muladhara chacra. O chacra seguinte tem sua sede na espinha, abaixo da região do umbigo. Chama-se Svadisthana chacra e rege a potência. O terceiro chacra fica no plexo solar e é chamado Manipura chacra. No coração temos o Anahata chacra. O Vishuddha chacra tem sua sede na glândula tireóide. O chacra Ajna fica entre as sobrancelhas. Na parte superior do crânio encontra-se o chacra mais elevado, sede do pólo positivo. Serve para manifestar o espírito divino e é chamado Sahasrara chacra. Estes são os sete níveis que o homem precisa alcançar. E quando atingiu o sétimo nível, onde desperta e ativa o sétimo chacra da sua condição latente, ele alcança o estado em que, como Moisés, pode falar de frente com Deus. Primeiro, contudo, ele precisa subir os seis níveis, *ativar* os seis chacras.

As pernas que ajudaram o homem a subir são azuis, os sapatos marrons. Onde quer que os seus passos o levem, ele sempre será guiado pela verdadeira fé em Deus. Ele se tornou um instrumento do Senhor. Já não mais possui vontade própria. Só os seus sapatos são marrons, portanto só a sua parte inferior, a sola dos seus pés, entra em contato com a matéria, com o chão. Ele precisa ficar em pé no chão como uma base! Sua roupa compõe-se de várias cores: branca (pureza), vermelha (espiritualidade), amarela (inteligência) e verde (boa vontade). Já conhecemos o significado disso. No coração é espiritual e puro, em sua atividade ele se permite seguir a orientação da inteligência e da razão. As meias-luas branca e vermelha denotam a força negativo-lunar e a positivo-solar; ele já tem ambas "em seus bolsos", isto é, ele domina essas duas forças. Os seis botões que ele usa agora são os órgãos dos sentidos e o sexto sentido, do qual precisa bastante. Sob os braços há duas bolsas que, devido à sua posição invertida, deixam cair no chão os tesouros que havia acumulado. Seus tesouros são ouro, isto é, de natureza positivo-mental, e prata, ou seja, de natureza negativo-espiritual. Ele transmite aos semelhantes os frutos das suas árduas experiências.

Como alguém com essa aparência poderia *fracassar* ao ver e fazer tudo do modo oposto ao das pessoas comuns que ainda estão completamente dominadas pelo egoísmo, pela inveja, pelo rancor e pela vaidade? Assim, é bastante natural que tudo o que o "enforcado" diga ou faça seja malcompreendido e mal-interpretado pelos homens comuns. Ele compreende que atingiu este nível exatamente porque é constantemente mal-interpretado e tem de explicar repetidas vezes os motivos de suas ações. E ainda não é tudo. Trata-se de um fato estranho, mas as pessoas que alcançaram este nível de desenvolvimento, sentem de fato o estado em que têm a sensação de estar em suspenso, sem prévio conhecimento da existência dessa carta do tarô e desse estado. Muitos sonham que estão pendurados como morcegos, muitos contam que durante a meditação se sentiram subitamente erguidos no ar pelos pés e foram forçados a ficar nessa posição, com a cabeça pendurada para baixo. Ao abrir os olhos vêem que estão sentados na posição normal na cadeira. Isso de fato ocorre com praticantes de ioga espiritual. Portanto, é necessário compreender que o estado em que nos sentimos suspensos de cabeça para baixo está ligado à expansão da consciência. A experiência mostra que o homem no estado da décima segunda carta do tarô só pensa e atua no sentido espiritual da maneira oposta à das outras pessoas, além de projetar este estado espiritual para o corpo, sentindo-o, assim, como uma condição física.

Eis aqui um exemplo de como uma pessoa pensa e age de uma posição assim invertida. Antes de sair de casa, o 'enforcado' examina cuidadosamente a escrivaninha e todas as prateleiras. Os empregados e a família pensam que ele faz isso porque está com medo de que alguém possa pegar algo nas gavetas durante sua ausência. Então ele tranca tudo, porque aparentemente suspeita dos que estão à sua volta. Na verdade, ele faz isso pela razão exatamente oposta: para proteger de suspeitas os que estão em casa; assim, se algo estiver faltando em seus pertences ou não estiver em ordem, ninguém, nem *ele mesmo,* suspeitará — visto que o demônio nunca dorme — que alguma dessas pessoas tirou algo. Se ele trancar tudo, ninguém pode ter qualquer suspeita. Portanto, em vez de suspeitar dos que estão à sua volta, *ele os protege contra qualquer suspeita.* Não me parece necessário apresentar outros exemplos. Pois os leitores que já alcançaram ou mesmo *ultrapassaram* esse estado de consciência, descobrirão por si mesmos, ou já o fizeram, a verdade dessas afirmações. Não há vantagem em discutir o assunto com os que ainda estão *abaixo* deste nível. Eles nem entenderão nem acreditarão que uma tal coisa seja possível; pensarão 'tratar-se de uma forma errônea de agir'. O homem enforcado já se acostumou com isso.

É espantoso como os grandes iniciados criaram essas figuras a fim de representar os vários estados de consciência, e como conheciam a natureza do homem tão intimamente a ponto de compreender que esse estado é sentido não apenas mentalmente, mas também como uma projeção, fisicamente. Muitos daqueles que sentaram pé no caminho já conhecem essas figuras. No entanto, de fato só alcançaram seu significado e as compreenderam quando, de repente, experimentaram inesperadamente esses estados em si mesmos. Então enxergaram a luz e humildemente se curvaram diante dos iniciados que tiveram tão grande e profundo conhecimento psicológico.

A décima segunda carta do tarô, O Enforcado, carrega o total dos dígitos do número 12, portanto 3, associado com o 0, símbolo do espaço ilimitado, portanto 30; também leva a letra LAMED.

O número 12 e todos os seus múltiplos é um dos mais significativos da seqüência inteira de números. É notável que um número comparativamente baixo como é o 12 seja divisível por *seis* números — portanto, pela *metade* dos números que contém! Se adicionarmos esses seis números: 1 + 2 + 3 + 4 + 6 + 12, obteremos o número 28, cuja soma dos dígitos é novamente 10, o número da perfeição e da plenitude da criação. Se multiplicarmos o número da Santíssima Trindade, 3, por aquele das faces de Deus, 4, obtemos o número 12, este único número que é divisível por tanto quanto a metade dos números do seu próprio valor. Isso não é possível com nenhum outro número, nem mesmo com os números mais elevados. A humanidade reconheceu a importância deste número desde tempos imemoriais, e, portanto, dividiu os céus nos doze signos do Zodíaco. Previamente, antes da introdução do sistema decimal, 12 e cinco vezes 12, o número 60 era usado como base do sistema aritmético. O número 60 é divisível por 12 números, portanto por um quinto do seu próprio valor, o que também é uma boa proporção! Encontramos o número 12 com freqüência na Bíblia. As doze tribos de Israel, os doze apóstolos, e as doze cestas com migalhas dos dois peixes e dos cinco pães com que Cristo alimentou os mil homens, são apenas alguns exemplos. A décima segunda carta do tarô tem valor numérico 30, o número da S. Trindade associado ao 0. Discutiremos mais este número ao lidarmos com a vigésima primeira carta do tarô que é a inversão do número 12 e que também tem o 3 como soma dos seus dígitos.

Além disso, essa carta leva a letra LAMED que corresponde ao braço humano, e assim ela se relaciona intimamente com tudo o que se ergue e se desenvolve, como o braço. Revelações proféticas aumentam a expansão divina no homem, do que surge a idéia da revelação da lei.

Carta 13 do Tarô

A MORTE

Valor numérico: 40
Letra: מ MEM

    Nesta figura vemos um esqueleto segurando uma foice, o antigo símbolo da morte. A postura e a posição da foice na sua mão imitam o formato da letra MEM. O esqueleto não segura a foice na posição normal para ceifar. Ele a segura de modo errado para que ela corte da esquerda para a direita, em vez de ceifar da direita para a esquerda. Isso indica que a caveira chegou até este nível e que retém a atitude invertida do Enforcado. Todos os seus pensamentos e ações são diametralmente opostos aos das pessoas comuns. Além disso, entretanto, com essa posição invertida da foice, a caveira mostra também que existe uma morte inversa, ou seja, depois dessa morte não é a *morte* que vem, mas sim a *vida*. Isso é indicado pela cor vermelha da foice e pelo azul de sua lâmina. O esqueleto ceifa a pessoa com o fogo do espírito e a alma com a fé em Deus.
    Este esqueleto nada mais é do que o espírito dos homens. Quando o espírito se veste de matéria e nasce como filho de homens, ele precisa *morrer dentro da matéria*. Já não mais pode revelar suas características espirituais, já não mais pode *viver a sua* própria VIDA pois teve de assumir as características do corpo e só pode revelar-se em pequena medida, devido ao envoltório material do homem. A consciência espiritual foi reprimida ao inconsciente e o homem tornou-se uma mescla de várias características materiais e muito poucas espirituais. Portanto, o homem percebe o efeito interior do seu próprio espírito a partir do inconsciente como se fosse uma voz interior de um ser exterior desconhecido. O espírito luta no homem a fim de ser capaz de se manifestar através do seu corpo. As qualidades do corpo e as do espírito são opostas umas às outras. As características essenciais do corpo são a indolência e a preguiça; as do espírito são o fogo e a atividade. Desde o nascimento, o espírito luta contra a tirania do corpo. A começar pelos assuntos mais triviais até os maiores problemas humanos, o homem sofre com essa luta entre o corpo e o espírito. Por exemplo, o corpo quer assumir uma má postura, uma postura desleixada, porque tem preguiça e o seu peso o impele para baixo. O espírito quer sair vitorioso sobre o corpo e o obriga a revelar as forças do espírito. Qualquer esporte significa uma vitória sobre o corpo, pois em cada movimento é o es-

pírito que se manifesta vitorioso sobre a preguiça do corpo. Essa luta começa logo ao despertar do sono. O corpo prefere continuar deitado e continuar a dormir. Mas o espírito do homem obriga o corpo a levantar-se apesar dos bocejos, a se vestir, a ir para o trabalho ou a praticar esportes. E isso continua o dia inteiro. Mesmo diante de grandes problemas agimos como Paulo diz com tanta propriedade na Bíblia: "O que eu quero, não faço, e o que não quero, isso eu faço." (Romanos, 7:15.) *"Quem* é aquele *que quer* alguma coisa, e *quem* é aquele que *apesar de tudo nada* faz? E *quem* é *aquele* que *não quer* alguma coisa, e quem é aquele que *apesar de tudo a faz?"*

O espírito e o corpo lutam um contra o outro e o homem sofre continuamente devido a essa luta. Mas são exatamente esses constantes sofrimentos que despertam no homem a consciência espiritual e o obrigam a encontrar o caminho para o próprio espírito. Certo dia, o homem desperta e percebe que ele não é o corpo, não é a pessoa, mas que ele é o seu *Self* superior que usa o corpo como instrumento de revelação, embora não possa usá-lo em nenhuma hipótese para benefício próprio. Essa primeira conscientização é apresentada pela primeira carta do tarô. É quando o homem aprecia pela primeira vez o sabor da liberdade espiritual. Enquanto ele não passar por este nível de conscientização é um mero escravo sob a ditadura dos seus impulsos. Em seguida, o homem torna-se aos poucos cada vez mais consciente, aos poucos já não tem a impressão de que o seu *Self* é alguém exterior a si mesmo, que no entanto conhece bem, visto que pode comunicar-se com ele através da inteligência. Tornou-se consciente de que esta entidade que fica acima da sua consciência pessoal é o seu próprio *Self,* que é o seu próprio espírito, que É ELE MESMO! Começa a irradiar uma luz cada vez maior, viveu vários estados em si mesmo, até que agora, no nível de consciência representado pela décima terceira carta do tarô, chegou tão longe, a ponto de reconhecer o próprio *Self* em seu próprio espírito. Segundo uma lei da natureza — de acordo com Pitágoras — "duas coisas não podem ocupar simultaneamente o mesmo lugar". O espírito e o ser corpóreo, a pessoa, não podem usar o corpo da mesma pessoa ao mesmo tempo como instrumento de revelação; um dos dois tem de sumir, um dos dois tem de ser eliminado. Como a pessoa nunca teve de fato uma existência própria, mas recebeu sua vida emprestada do espírito, essa pessoa terá agora de desaparecer. O homem tornado consciente em espírito, a partir de agora será *conscientemente* autêntico, sem aturar a participação da pessoa. Sua consciência espiritual ceifa a pessoa, *ela a mata.* A partir de agora, as forças físico-vegetativas do corpo servirão à sua consciência espiritual mas não se apossarão dela. Na sua consciência, o regente será o espírito. E o homem, que até aqui era uma mistura de espírito e pessoa, torna-se inteiramente espiritual, completamente *impessoal.* O espírito é exatamente o contrário, o oposto da pessoa. A pessoa significa isolamento e egoísmo, o espírito, contudo, destrói o isolamento, traz o homem à unidade e o torna altruísta.

A morte da pessoa já foi preparada nas etapas precedentes. O homem despertou, conheceu a justiça, retirou-se do mundo terreno e tornou-se senhor do seu destino, do seu carma. Ele tem a força titânica do espírito, o verdadeiro AMOR ele conhece bem, e aceitou seu domínio com satisfação. Então ainda teve de aprender a ser objetivo e a trocar de lugar com seu adversário. Com essa atitude, tal como O Enforcado, passou a ver tudo ao contrário.

O que resta ainda da sua pessoa? Nada, simplesmente nada!

Acaso isso significa que o homem se tornou indiferente, apático, inativo, abúlico ou inerte? Em hipótese alguma. Ao contrário. Visto que ele não tem mais problemas pessoais, também não tem preocupações pessoais, não tem mais desgostos pessoais. Está em paz, mas sente com redobrada força as alegrias e os sofrimentos dos homens, dos animais e das plantas. Ele não se intromete em nada, porque sabe que nada acontece sem que seja vontade de Deus; deixa que tudo aconteça segundo a Sua vontade. Ele também sabe que tudo o que acontece é o melhor para nós; tudo nos ensina algo que nos aproxima um pouco mais de Deus no grande caminho. Sem a vontade divina absolutamente nada pode acontecer.

Na figura vemos que só o corpo, a pessoa, desapareceu; as duas cabeças, a consciência — a coroa significa a consciência espiritual, as mãos e pés a atividade —, ainda estão aí, completamente vivas. Essas mãos comprovam que têm vida para que os pés possam levar o homem à frente em seu caminho.

As duas cabeças significam que, mesmo que o homem se tenha tornado completamente impessoal, ainda é um homem ou uma mulher; ainda pertence a um dos sexos. A cabeça masculina tem uma coroa. Isso significa que no homem domina o princípio positivo, o espírito, e que, em seu espírito, ele está consciente. Portanto, na consciência ele está perfeitamente vivo. Sua atividade, sua consciência vive; apenas a pessoa com os seus desejos físicos foi aniquilada. A esse respeito manifesta-se um sábio com estas belíssimas palavras:

Lange hab ich mich gesträubt,
Endlich gab ich nach
Wenn der alte Mensch zerstäubt
Wird der neue wach.

[Por muito tempo resisti,
até que, por fim, cedi
Quando a velha pessoa se torna pó
a nova saúda um novo dia.]

E Goethe, que conhecia esta transformação alquímica, disse:

Und solang du das nicht hast,
Dieses Stirb und Werde,

Bist du nur ein trüber Gast
Auf der dunklen Erde.

[E enquanto você não puder dizer,
Que possui este morrer e ressuscitar,
Você será um hóspede infeliz,
No plano sombrio da Terra.]

O valor numérico da décima terceira carta do tarô é 40, e a letra é MEM.

O valor numérico provém da soma transversal do número 13, mais o 0 que simboliza o universo. O número 13, ao contrário do precedente número 12, que podia ser dividido por seis números, é totalmente indivisível. O número 13 só pode ser dividido por 1, portanto, por Deus, e por 13, portanto consigo mesmo. Trata-se de um número primo.

Todos os homens sabem que o número 13 traz azar, mas a maioria não sabe por quê. Quem conhece as cartas do tarô pensa que o número 13 dá azar porque a décima terceira carta do tarô significa a morte. Contudo, os grandes iniciados que criaram essas cartas, não escolheram a morte e o número 13 e os tornaram idênticos à letra MEM ao acaso. Escolheram o número 13 e a letra MEM para representar a morte porque no número 13 e na letra MEM, como ainda veremos, oculta-se o "desaparecimento", oculta-se "a morte".

Pois, assim como cada círculo contém *sete* círculos menores em si, cujo diâmetro é um terço do diâmetro do círculo maior, também cada esfera, cuja projeção tridimensional é o círculo no espaço, contém *treze* esferas menores em si, cujo diâmetro também é exatamente um terço do diâmetro da esfera maior. Quando sabemos disso, também sabemos que a décima terceira esfera "desapareceu" no centro, é invisível aos olhos do mundo exterior; ela está enterrada pelas doze esferas que a cercam, portanto, está "morta". O número 13 na décima terceira carta do tarô significa, portanto, a morte. E pelo fato de o homem não conhecer essas leis matemáticas com a inteligência, mas as intuir e sentir no âmago do seu ser, pensamos com certo pavor que o *décimo terceiro* tem de morrer quando há 13 convivas ao redor de uma mesa. Contudo, apenas o *décimo terceiro*! Nem um dos treze, nem o primeiro, o sexto, ou o oitavo, não — o que morre tem de ser o décimo terceiro. Visto que doze estão visíveis, portanto estão vivos, o décimo terceiro tem de se tornar invisível, portanto tem de morrer, como acontece com as treze esferas, das quais só a décima terceira desaparece no centro. É extraordinário que o destino pareça conhecer esta lei! Pois onde um grande religioso ou líder político estiver ladeado por doze discípulos, doze generais, ou doze ministros, aí se repete essa lei da natureza, segundo a qual o décimo terceiro desaparece; a personagem central, rodeada pelos doze restantes, tem de desaparecer, deve morrer. A história nos deu Cristo, Júlio César, Napoleão e outros exemplos semelhantes.

O número 40 também é uma indicação da morte do espírito na matéria. A cruz e o quadrado representam sempre simbolicamente a matéria. Como já explicamos ao falar da quarta carta do tarô, a primeira forma de revelação já é a força criadora, quando brota da dimensão para os mundos, o quadrado e o cubo, que se compõe de seis quadrados. Todas as outras formas de cristal se formaram a partir dessa primeira forma original.

A letra MEM é a segunda mãe do alfabeto hebraico. MEM atrai o espírito para a matéria e através do nascimento como ser humano materializa o espírito. Nascer na matéria significa a morte do espírito, como já sabemos, seja como for, só uma morte aparente. O espírito ressuscitará, como Cristo, assim que se tornar consciente da matéria. Ou, em outras palavras, quando o homem se tornar autoconsciente no espírito. As duas frases têm o mesmo significado. Portanto, o homem ressuscitará em sua consciência, quando não se identificar mais com o corpo mortal, mas souber que apenas precisa do corpo como um instrumento de revelação, mas que não é nem nunca será esse corpo. Esse fato é comprovado pelas imagens de Cristo, pintadas por artistas da Idade Média, que estão justamente se erguendo do túmulo com uma pequena bandeira da vitória e da ressurreição na mão e que erguem a mão direita como que para prestar um juramento: *Para o espírito, para o Self, que chamamos de Eu em nós, não há morte, só vida eterna!*

MEM designa todos os renascimentos que surgem de perturbações anteriores. MEM simboliza todas as mudanças, portanto o nascimento do mundo espiritual no corpo; e, na morte, o nascimento do corpo no mundo espiritual. A letra MEM, a MÃE, foi para cada homem, para cada um de nós, a porta através da qual entramos do outro mundo para este mundo, para o mundo da matéria. Tivemos de morrer na matéria a fim de renascermos conscientemente no espírito, a fim de aprendermos que *nossa vida é eterna.*

A carta 13 do tarô mostra a morte do pequeno ego visível da pessoa, e a vitória do espírito. Portanto, a mesma carta significa tanto o início quanto o fim. Aqui, como no caso da sétima carta do tarô, um período de desenvolvimento se encerrou, e a pessoa embarca para um novo plano.

Carta 14 do Tarô

O EQUILÍBRIO

Valor numérico: 50
Letra: ࠋ Nun

    O título francês para esta carta do tarô está errado. A carta nos mostra um nível de desenvolvimento expresso com muito mais propriedade pela palavra EQUILÍBRIO. A mulher da carta pesa alguma coisa, ela *avalia algo*, e ao fazê-lo não está "temperando" nada. Portanto, o nosso título é EQUILÍBRIO.
    Vemos mais uma vez a nossa Rainha do Céu nesta carta; agora entretanto sem sua coroa. Em vez dela, o cabelo está preso por um círculo de ouro com um ponto no centro, ao redor da testa. Este representa a consciência superior, que a liga ao mundo divino. Ela usa o mesmo vestido vermelho da carta 3 do tarô. O manto azul que ela usava quando rainha do céu tornou-se uma capa solta aberta na frente a fim de mostrar o vestido vermelho. Ambos os trajes têm borda amarela: há até mesmo listras amarelas e um cinto amarelo no vestido azul, e o forro verde fica visível no pescoço. Já sabemos que o vestido vermelho significa sua grande espiritualidade, o manto azul sua obstinada fé em Deus, a borda amarela sua inteligência e o forro verde sua boa vontade e humanidade. Agora ela usa outra vez as duas grandes asas que havia descartado ao desempenhar seu papel como JUSTIÇA e AMOR. Ela está livre dos problemas mundanos, já pode voar mais uma vez e flutuar até o céu. Ela toca o solo só com as solas dos pés. Para mostrar esse fato, seus sapatos são marrons.
    Ao seu lado está a flor que cresceu do solo e que já vimos nas figuras do Mago e do Rei. Ela está semi-aberta e parece à espera de receber a água da vida da linda mulher a fim de poder abrir-se por inteiro.
    A rainha do céu segura uma urna em cada mão. Reconhecemo-las como símbolos das duas principais correntes da criação. A urna dourada simboliza as energias positivo-espirituais, a urna prateada representa as negativo-físicas. A tensão entre as fontes dos pólos negativo e positivo é a própria vida. Essas energias dão vida ao homem e a tudo o que vive na criação. No alto da cabeça, sob a coroa, está um centro cerebral no qual tem sede o pólo positivo. O pólo negativo situa-se no cóccix, na base da espinha. A tensão entre os dois pólos na espinha constitui nossa vida física. No entanto, o homem tem

a habilidade de dirigir conscientemente essas duas energias criativas, à sua vontade. Em certos pontos do seu corpo ele pode acumular energias positivas e negativas e escolher fazer modificações em seu corpo com elas, ou pode resolver elevá-las, despertando e ativando habilidades latentes, tirando-as do seu estado de dormência. Os homens comuns desconhecem isso, e não podem dirigir essas energias como querem. Os que conhecem este segredo, entretanto, podem ser mestres das energias criadoras e podem usá-las ou transformá-las segundo seus desejos.

Na figura vemos a mulher despejando o líquido da urna prateada para a dourada. Isso significa que desta maneira ela transforma as energias negativas em positivas. Na urna dourada acontece um processo alquímico com o qual tudo que ela contém se transforma em *ouro espiritual positivo*.

A mulher pensa cuidadosamente em quanta energia ela pode colocar dentro da urna dourada sem correr perigo, e avalia o conteúdo já existente dentro dela. Se ela pegar a quantidade certa, o homem se aproxima com passos de gigante do seu grande objetivo. Se ela usar a dosagem errada, no entanto, os nervos das pessoas são destruídos.

Essa imagem é uma indicação de que o homem pode transformar suas energias físicas em forças espirituais e com elas despertar seus centros nervosos até agora inativos e que pode usá-las para atingir estados espirituais mais elevados. Já tomamos conhecimento dos sete centros anímicos ao ver a décima segunda carta do tarô. Neste décimo quarto nível de conscientização, o homem já progrediu tanto, que ele pode e de fato desperta e ativa os centros nervosos e os centros cerebrais onde estes centros espirituais, os chacras, estão situados. Ele poderia ter ativado os chacras antes, mas teria sido perigoso. Há exercícios físicos especiais para despertar os chacras. No entanto, esses processos põem em risco a saúde dos homens imaturos, pois os seus nervos e centros cerebrais ainda não são suficientemente resistentes, e seriam séria e irremediavelmente afetados pelas vibrações muito elevadas que lhes fossem dirigidas. Por outro lado, o homem que já alcançou um nível superior de consciência e que é capaz da resistência apropriada, pode ativar seus chacras sem correr perigo e suportar a tensão interior — que é tão perigosa para aqueles que estão menos desenvolvidos do que ele — como uma condição normal.

Não somos todos iguais, e segundo nosso nível de conscientização, mantemos várias tensões em nossos nervos. Se alguém com nível superior de desenvolvimento tocar outra pessoa bem abaixo do seu nível, principalmente se puser a mão sobre a cabeça dessa pessoa, esta cairá num transe semelhante ao sono. Este, no entanto, não deve ser confundido com a hipnose, pois sob sugestão hipnótica o sujeito perde sua força de vontade. Este contato não destrói sua consciência e sua vontade. Ao contrário, sua percepção e concentração serão muito aumentadas. No entanto, o homem superior precisa ser capaz de controlar seus poderes a ponto de poder *administrá-los na dose certa exigida*.

Se houver um intervalo muito grande entre as freqüências dessas correntes de força e aquelas do homem do nível inferior, tais freqüências *muito mais elevadas* causarão convulsões nervosas extremamente sérias quando dirigidas para este homem em nível inferior. Um desses incidentes foi confirmado por numerosas testemunhas oculares: um farmacêutico em Dakshineswar (Índia) insistiu junto ao já mundialmente famoso Santo Rama Krishna, para que este lhe transmitisse seus elevados poderes através de contato. Por fim, Krishna concordou e tocando no homem enviou-lhe suas freqüências vibratórias. O farmacêutico teve tais convulsões que gritou alto suplicando que Krishna o libertasse e o colocasse outra vez no estado normal. Rama Krishna mais uma vez concordou. Também poderíamos mencionar casos no Ocidente; no entanto, desde que tenhamos entendido essas verdades, mais exemplos são supérfluos. O homem continua progredindo no grande caminho, desconhecido por si mesmo; suas energias até agora adormecidas se desenvolvem e tornam-se ativas. Esse processo interior é bastante acelerado, entretanto, se ele realiza *conscientemente* exercícios que não envolvam perigo, estará aumentando gradualmente a resistência dos seus nervos até o ponto em que possam suportar tensões mais elevadas e suas relativamente mais altas freqüências vibratórias.

No nível do Enforcado esses chacras mais elevados foram reconhecidos e se tomou conscientemente posse deles. A carta 14 do tarô mostra que o homem já conhece as diferentes fontes de poder criativo e que não só está familiarizado com a modificação das vibrações mais inferiores para as superiores, mas também que pode usá-las e transformá-las. Neste nível ele é capaz de converter as energias físicas em espirituais e *dosar* os vários poderes como quiser. Por isso a mulher da figura despeja água da urna prateada, simbolizando a energia física, para a urna dourada que simboliza a energia espiritual, onde por um processo químico *interior* a energia física é transformada em energia espiritual. Os rosa-cruzes conheciam esta arte, bem como os alquimistas e ela era chamada de a "arte nobre". Eles transmitiram este segredo aos seus discípulos. Os cruzados trouxeram esta arte secreta, adequada só a pessoas maduras, da Ásia, e a transmitiram aos seus amigos íntimos na Europa. Portanto, à medida que o tempo passou, mais grupos ou lojas foram criados, e a eles se filiaram homens importantes e famosos. Apenas para mencionar alguns, uns poucos dentre os mais famosos: Voltaire, Frederico o Grande, Joseph II, Wieland, Lessing, Goethe, Mozart, Albrecht Dürer e muitos, muitos outros. Esses segredos místicos foram analisados muito bem por Goethe em sua obra-prima, *Fausto,* por Mozart em sua famosa ópera, *A flauta mágica,* e por Albrecht Dürer em muitas das suas pinturas. Estes homens estavam familiarizados com o processo interior e, portanto, com o método que acelera nosso progresso no caminho rumo ao objetivo. Encontramos traços deste conhecimento secreto na Ásia e na Europa; os escritos dos alquimistas e dos rosa-cruzes baseiam-se nos mistérios da Cabala. Há tantas semelhanças contundentes entre a linguagem pictórica dos rosa-cruzes e a das cartas do tarô que é óbvio que as cartas do tarô expõem muitas das verdades contidas nas pinturas secretas dos rosa-cruzes e dos alquimistas. Com toda probabilidade provêm da mesma fonte.

A décima quarta casa do tarô tem valor numérico 50, composto da soma dos dígitos do número 14, e mais o 0, símbolo do espaço ilimitado. Também contém a letra NUN.

O número 14 contém duas vezes o número 7. Neste caso, duas vezes sete significa a vida duas vezes refletida que anima o corpo material e o ser espiritual do homem. A soma dos dígitos é o número 5 que já foi discutido ao falarmos a respeito da quinta carta do tarô. Agora, entretanto, o número 50, dez vezes cinco, portanto um 5 acrescido do 0, do qual a soma dos dígitos é igual ao número de Cristo, 5, tem um significado muito mais profundo. Ao discutir o número 5, vimos que o formato exterior do pentágono representa a forma humana. Essa carta do tarô implica a corrente vital interior, que analogamente flui em forma de pentágono no corpo:

Na pintura de Albrecht Dürer, a Crucificação, há um anjo de cada lado do Cristo crucificado. Cada um segura uma jarra na mão a fim de colher o sangue que flui como de uma nascente das mãos do crucificado. Todo o quadro nos mostra o fluxo do princípio criador, a corrente de Cristo. Depois que esta corrente passou por todo o corpo do homem que está crucificado no tempo e no espaço, ela se irradia de cinco pontos do seu corpo: das duas mãos, dos dois pés e do plexo solar — portanto, das cinco chagas de Cristo. Dürer, ele próprio um iniciado rosa-cruz, conhecia a verdade sobre a corrente vital e o segredo das forças físicas transformadas em força espiritual, e representou muitas vezes essa verdade em seu corpo. Os iniciados rosa-cruzes não tinham permissão para falar, contudo podiam representar a verdade em figuras ou em quadros. Com eles, queriam chamar a atenção dos homens para a sua arte.

A letra NUN se relaciona com o nome EMMANUEL, que na Bíblia é o nome da criança divina. Emmanuel significa "DEUS em nós", portanto, o *Self* superior que dá vida ao homem, o qual disse de si mesmo: "EU SOU A VIDA!" Este nome EMMANUEL significa então a vida no homem. Quando o homem está *autoconsciente na vida*, ele ressuscita em EMMANUEL, em CRISTO. NUN é a força solar que nos dá a vida. A NUN é a representação do ser criado e refletido, portanto, uma fruta. O velho homem já morreu e o novo, como EMMANUEL, como a *criança divina*, que ainda não acordou, já está aí.

Carta 15 do Tarô

O DIABO

Valor numérico: 60
Letra: ס O Samech

A forma principal desta figura é um poderoso diabo. Como em todas as representações tem cabeça de cabra e pés com cascos, mas mãos humanas; aqui também, ele é uma mistura de homem e cabra. Tem dois fortes chifres por entre os quais seu cabelo sobe até o topo da cabeça, onde se localiza o mais elevado centro nervoso, o chacra Sahasrara, sede do pólo positivo. Isso mostra que o diabo já ativou e usou este centro. Ele tem uma estrela de cinco pontas na testa!

O demônio ou Satã é portador dos símbolos dos quatro elementos e dos dois sexos. A cor vermelha da cabeça simboliza o espírito e o elemento Fogo. As duas belas asas emplumadas da rainha do céu tornaram-se nas costas de Satã duas asas gigantescas de morcego que ele usa para voar através do espaço ilimitado, estabelecendo-se desta forma como governador do Ar. A parte superior do seu corpo e seus braços são de cor clara e, portanto, simbolizam o elemento Ar. A parte inferior do seu corpo está coberta por escamas de peixe, o que aponta para o elemento Água. Suas pernas são marrons e em vez de pés ele tem os cascos de uma cabra. Isso simboliza o elemento Terra. Satã rege os quatro elementos conhecidos pelos eruditos atuais como "estados da matéria". Uma vez que o universo foi formado com os quatro elementos, Satã rege todo o mundo material. Depois da última Santa Ceia, Cristo disse: "Vamos, aproxima-se o senhor deste mundo." (Mateus, 26:46.) E seus apóstolos sabiam que ele se referia a Satã.

Neste mundo material o único regente pode ser Satã, pois ele é a lei da matéria que se revela através da contração, do resfriamento e da solidificação. Enquanto Satã for a lei inconsciente da matéria, ele é uma lei da natureza, e está em seu lugar. Mas, quando o homem torna consciente em si as leis da matéria e se identifica com elas, então essas leis se transformam num espírito vivo dentro dele. Essa lei da matéria tornada viva através do espírito humano é Satã. Como espírito, ele é exatamente o contrário do espírito divino, é o antagonista, pois as leis do espírito e as da matéria são como imagens refletidas no espelho, umas das outras. Como tal, Satã não tem vida independente. Só pode viver e tornar-se vivo através do homem, pois apenas este pode tornar a lei da matéria um espírito vivo, na medida em que identificar sua consciência com essa lei. Portanto, é o próprio homem que dá vida a Satã. E, então, esse espírito que se tornou vivo somente através do homem, pode reagir refletindo a imagem do homem, atraindo-o para a ruína, o inferno e a perdição.

A vara de condão do Mago e o cetro da Rainha do Céu se transformaram numa tocha ardente que Satã segura na mão direita. Ele rege sobre a matéria, portanto, rege o corpo humano; a chama da tocha é o fogo, o calor do corpo, aceso pelo espírito imanente e animador do corpo. Mas, no momento em que o fogo do espírito anima o corpo, este último cai sob a regência da lei da matéria, portanto sob o domínio de Satã. E visto que Satã domina o corpo humano, ele também domina o fogo que o anima e se manifesta através dos dois grandes instintos humanos, o da procriação e o da preservação da espécie.

Nos animais, esses dois instintos atuam sem a interferência do intelecto, exatamente porque os animais não têm intelecto e vivem segundo as leis e o esquema da Natureza. Se um animal é impedido de manter rigidamente este esquema, ele morre. Por exemplo, se as formigas não puderem comer o que foi prescrito pela Natureza, elas morrem. Se não puderem se acasalar no tempo determinado pela Natureza, têm uma morte horrível. Não podem adiar a união a não ser que alguém intervenha. Quanto mais elevado o grau hierárquico do animal na ampla escala da Natureza, tanto maior é a sua adaptabilidade, embora esta também tenha seus limites. Como regra geral, os animais precisam aderir estritamente às leis da Natureza.

Se não tivesse intelecto, o homem também teria de acatar o esquema prescrito pela Natureza do mesmo modo inconsciente que os animais. No entanto, o homem possui um excelente intelecto que o ajuda a atingir a consciência. O intelecto tem a função de um espelho, no qual ele se reconhece. O intelecto, portanto, permite que o homem desrespeite as leis da Natureza e se adapte a mudanças do seu ambiente. Ele pode sobreviver a desastres potenciais ou a privações inimagináveis sem sofrer qualquer dano real, mesmo que não possa beber e comer o que a Natureza prescreve. Sua vida sexual também pode ser submetida ao controle do intelecto e força de vontade. Por um lado, esta adaptabilidade lhe dá uma grande vantagem sobre os animais; mas ao mesmo tempo envolve o grande perigo de que, com a assistência do seu intelecto, ele se afaste dos caminhos da Natureza e destrua seus instintos saudáveis. Suas necessidades essencialmente naturais podem ser pervertidas para outros fins e causar assim prejuízos físicos e desordens mentais. Ele pode mesmo tornar-se um viciado e vender sua alma ao diabo, tornando-se seu escravo. Desta maneira, o homem se entrega ao poder de Satã, ao poder da Serpente na árvore do conhecimento do bem e do mal...

Vemos que o símbolo da razão e do intelecto, o símbolo do poder mercurial, está representado nesta figura pelo órgão sexual do Diabo. Isso significa que Satã controla os homens através da razão, penetra-os através da consciência e, deste modo, submete-os à sua influência. Sem o intelecto humano, Satã não poderia ser "Satã". Sem o homem ele permaneceria uma lei inconsciente da Natureza.

Na mão esquerda, Satã segura os órgãos sexuais na posição de coito; o masculino-positivo e o feminino-negativo. Seu braço direito tem a inscrição SOLVE, que significa "soltar". No braço esquerdo está escrito COAGULA, que significa "unir". O que ele solta e o que ele une! O que a filosofia Vedanta afirmava há milhares de anos já foi bem estabelecido pela ciência, isto é, que logo no início dos tempos ambos os sexos estavam presentes juntos no corpo humano. O homem era um ente bissexual; era andrógino como um anjo. Esse conceito de anjos como seres andróginos nos tem sido transmitido por várias tradições religiosas — tanto na Europa como na Ásia, entre os índios americanos ou os negros africanos. Talvez as tradições, unânimes neste ponto, representem a verdade, embora essa verdade seja tudo menos simples, assim como a religião diz. Criaturas bissexuais nada têm a ver com hermafroditas — este nome é uma composição de Hermes e Afrodite — que *nem* são homens *nem* mulheres. O ente andrógino é homem e mulher numa só pessoa. A Bíblia, que nos apresenta uma das mais antigas histórias sobre a Criação e o desenvolvimento da humanidade, também afirma que o homem certa vez foi bissexual. Pois no início, Adão, que personifica a forma primitiva do homem num único ser, tinha ambos os sexos em si, e Eva apareceu só quando Deus a tirou do corpo de Adão. Lemos na Bíblia como Deus fez Adão adormecer profundamente e tirou-lhe uma das costelas, dela formando a mulher, Eva. Portanto, a Bíblia descreve o mesmo desenvolvimento que a ciência afirma em nossos dias, embora em termos científicos isso não tenha acontecido de forma tão simples e rápida podendo mesmo ter levado milhões de anos. Satã, a lei da matéria, separou os dois sexos de modo que a progênie possa ser concebida e nascer, e tornou cada sexo um ser independente. Portanto, ele SEPAROU os dois sexos — SOLVE! Mas então uniu-os outra vez num ato praticado externamente, o ato sexual — COAGULA. Durante este ato, os sexos ficam unidos por um breve momento. Depois da união física eles precisam se separar e mais uma vez assumir sua existência física independentemente, separados da outra metade. Em várias religiões e na ciência, a teoria adiantou que os dois seres, que certa vez formaram *um* ser bissexual e que foram separados pela deslocação dos sexos, ainda procuram um ao outro, até mesmo agora, em sua existência mundana. Eles ainda têm uma sensação de "pertença" e anseiam por tornar-se um outra vez, anseiam ter um *único* EGO. Beethoven, o gigantesco gênio, escreveu o seguinte para sua inalcançável amada, Therese Brunswick: "Oh, meu anjo, meu tudo, meu eu..."

Portanto, como vemos na figura, Satã, a lei da matéria, separou os homens nos sexos e tornou a uni-los através de uma união física exterior. Por isso ele segura na mão esquerda os órgãos na posição de coito. Contudo, a união é apenas *física.*

Na figura também vemos que os sexos são personificados como duas figuras, meio-homem, meio-demônio: um pequeno diabo masculino e um pequeno diabo feminino. Eles estão amarrados com uma grossa corda ao pedestal sobre o qual se encontra o Diabo. Estão separados um do outro — na verdade, soltos, como diz a inscrição (SOLVE) — mas ao mesmo tempo estão eternamente acorrentados um ao outro através da sua *identidade interior no espírito* que se manifesta como desejo físico sexual e energia física sexual. A inscrição no braço esquerdo diz: COAGULA, una. Portanto, não podem viver um com o outro, nem podem viver um sem o outro. Contudo, isso não aconteceu tão depressa que o homem o percebesse com clareza e se tornasse consciente disso. Foi preparado durante um longo período, principalmente no nível de consciência da sexta carta do tarô, quando o homem teve de escolher entre o caminho correto e o errado. O desenvolvimento continuou no nono nível onde já se retira da vida mundana e, como um eremita, toma conhecimento do mundo interior e da vida íntima. Além disso, ele experimenta o verdadeiro amor, o desprendimento no décimo primeiro nível.

No décimo segundo nível ele aprendeu a ver as coisas de um modo que os homens comuns chamariam de "cabeça para baixo". Ainda mais, experimentou a morte mística e aprendeu a converter as energias negativas em energias positivas. Agora a conseqüência inevitável disso foi a capacidade de transformar energia sexual em força criadora. Em sua alma, estava pronto para isso. Com a experiência da morte mística, lembranças de toda a sua vida lhe vieram à memória. E teve de admitir que a energia sexual de fato o decepcionara. Ele tinha esperado encontrar felicidade na união física, mas nunca a encontrara. Pois a gratificação dos sentidos ainda estava longe da felicidade e da esperada plenitude. No exato momento em que pensava estar prestes a realizar-se na união física, toda a sua tensão explodia como fogos de artifício e, ao mesmo tempo, logo se extinguia e desgastava. Nunca pôde prender o êxtase, nunca pôde capturá-lo a fim de que fosse uma felicidade duradoura. Sempre restava afinal um insaciável desejo pela felicidade que nunca encontrou.

E o que lhe restaria quando fosse velho e já não fosse capaz de realizar o amor físico? Mais uma vez, nada, nada seja como for! E ele começou a se perguntar o que estava tentando encontrar na união sexual, já que ainda não fora verdadeiramente gratificado pelo que esta lhe oferecia. Era isso! Toda a sua vida ele andara em busca de outro ser humano, o que era sua outra metade, o seu complemento. O amor é uma manifestação de força que obriga duas metades complementares a se unir. O impulso inconsciente para essa fusão chama-se, na verdade, "apaixonar-se", amar. O homem busca a plenitude e quer saciar esse desejo, e acha que isso é possível através da união sexual. Ele não gosta de admitir que nunca encontrou o que procurava. Ele busca uma união real, uma união *duradoura*! Ele quer uma unidade na qual seja idêntico ao ser amado, quer tornar-se igual ao EGO do seu parceiro, quer destruir o relacionamento EU-VOCÊ de forma que ele e a amada possam ser um *único* EGO. E isto não é possível. Por que? Porque *o corpo* representa um obstáculo! Por certo! A lei da matéria, Satã, atrapalha. A resistência da matéria, do corpo, não permite que dois seres que amam se tornem UM na realidade externa, material. O homem tem de reconhecer o paradoxo, a impossibilidade e a discrepância: ele quer experimentar a unidade interior com sua parceira *no corpo* e é exatamente *este corpo que resiste e impede a unidade.*

Por que então ele busca a união física? Por que desde a infância, desde o primeiro despertar da consciência ele ansiou por ela? Ele sabe que só a unidade completa e não a mera *manifestação física* podem gratificá-lo e lhe dar a verdadeira felicidade. E isso não é possível no corpo; ele não a quer. No entanto, deve ser possível obter a unidade, caso contrário ele não a desejaria! A unidade pode ser alcançada só em determinado estado no qual não seja impedida pelo corpo! Certa vez o homem esteve nesse estado, ele tem percepção do fato e gostaria de recapturá-lo. Em alguma ocasião e em determinado momento ele esteve nessa unidade, mas caiu para fora. Foi *a queda do Paraíso*! Mas ele tem de voltar para lá! Ele precisa voltar! Caiu *para fora* desse estado exatamente porque nasceu *no* corpo. E se isso é assim, ele pretende renunciar ao substituto, à união física, que é incompleta e nunca poderá gratificá-lo. Não pode comprometer-se mais. Tem de admitir que o corpo na verdade não pode desejar essa unidade, visto que o impede de alcançá-la e vivê-la. Mas no espírito é possível sentir o impulso pela unidade, o verdadeiro amor pode ser vivido e concretizado e o homem encontrará a liberdade, deixará de ser um escravo nesse caminho.

Só que não consegue obter isso de imediato. Apenas no nível de consciência representado pela décima quinta carta do tarô o homem se livra desse cativeiro. Ele transforma a força que o liga ao outro sexo em sua forma original e a utiliza em sua forma modificada, ou melhor, em sua forma retransformada como um poder criador, como o poder espiritual do princípio criador, o Logos.

E agora retornemos à estrela de Cristo na testa de Satã. Se soubermos que a energia sexual é a manifestação do poder criador na matéria, no corpo, então podemos entender como Satã está envolvido nisso. A mesma força que acorrenta como vigor sexual as duas figuras que estão no pedestal do diabo mantendo-as juntas, nos chacras dos centros nervosos inferiores, se manifesta como poder criador, como o poder do espírito de Cristo nos centros mais elevados do cérebro, localizados na cabeça. Quando somos capazes de sublimar, se pudermos reconverter a energia sexual em poder criador, nesse caso conquistamos o diabo com seu próprio poder. Pois só podemos completar essa transformação com a ajuda das leis da Natureza, com a ajuda de Satã. Então o homem se liberta das amarras satânicas.

Von der Gewalt die alle Wesen bindet,
Befreit der Mensch sich der sich überwindet!

[Do poder que escraviza todos os seres,
Livra-se o homem que se domina.]

Quem disse isso foi Goethe. Quando o homem vive em si mesmo a carta 15 do tarô, ele alcança esse nível; já não é um ser dominado pelos desejos físicos, não está orientado para o sexo. Mesmo que a outra metade do seu ser celestial, da qual Satã o libertou, assumir uma forma terrena, ele ainda viveria conscientemente a unidade espiritual com essa metade complementar. Pois no inconsciente, ele sempre carrega sua metade complementar bem profundamente arraigada na alma. O animus e a anima são um só *no espírito!*

O diabo da figura traz em si ambos os sexos. Ele não precisa separá-los um do outro em si mesmo. Ele tem uma barba vermelha, portanto, na cabeça, ele é masculino-positivo. Seus peitos são muito desenvolvidos como os de uma mulher que está amamentando, portanto, feminino-negativos. Seu órgão sexual é a inteligência humana, o juízo, com o qual ele penetra o homem, com o qual toma posse dele e o escraviza. No nível de consciência da décima quinta carta do tarô o homem se libertou dessa possessão.

A carta 15 do tarô tem valor numérico 60, o resultado da soma transversal do 15, portanto 6, e acrescido do 0 que representa o espaço ilimitado. Também porta a letra SAMECH.

O número 5 é a metade do número da criação 10, e o número 15 é a metade maior do número da criação 10. O número 5, portanto, é divisível pelo número divino 3 e pelo número de Cristo, 5. A multiplicação destes dois números dá 15. A soma transversal do número 15 é 6 e se acrescentarmos o 0 teremos o número 60, o valor numérico desta carta. O número 60 é divisível por 12 números, portanto com a *quinta* parte. A maioria dos seus parentes numéricos estão em toda série numérica: 1, 2, 3, 4, 5, 6, 10, 20, 30, 60. Não por acaso justamente o diabo tem este número: ele deve ter muitos conhecimentos! Vale a pena pensar um pouco a respeito deste número; com isso compreenderemos melhor muitas pessoas!

A letra SAMECH simboliza uma arma. Esta arma precisa ser conquistada pelo homem neste nível de consciência, e ele deve apossar-se dela para poder se defender e se proteger das influências interiores e exteriores. A forma circular dessa letra lembra um arco. O círculo fechado também é o conhecido símbolo da serpente que morde a própria cauda. SAMECH também significa "pólo oposto" (os sexos) e "Najash", o dragão que toma conta do limiar.

Carta 16 do Tarô

A TORRE ATINGIDA POR UM RAIO

Valor numérico: 70
Letra: ע Hain

Nesta figura vemos uma torre muito bem construída, atingida por um raio — que não veio de uma tempestade, mas do Sol. O raio penetrou bem fundo no grosso diâmetro da torre que se dividiu em duas partes: a parte superior caiu ao solo. A torre é vermelha, cor que simboliza a espiritualidade. No topo tem listras verdes e amarelas que significam o amor da humanidade e a inteligência. A torre tem quatro ameias. O número quatro representa a matéria. Isso revela que o símbolo da torre se relaciona com o aspecto material do homem.

A torre tem uma porta e três janelas: duas delas estão no mesmo nível, a terceira está acima das outras duas, de tal forma que as três juntas formam um triângulo. A porta simboliza o plexo solar humano. É onde somos atados ao corpo durante a concepção por um cordão mágico e é por onde abandonaremos o corpo outra vez, na hora da morte. As duas janelas que estão perto uma da outra são os nossos olhos, através dos quais olhamos para fora do nosso corpo material e que nos unem com o mundo exterior. A janela superior é o "terceiro olho", um centro nervoso no qual se localiza o centro espiritual conhecido na filosofia Vedanta como o chacra Ajna. Por esse centro, o homem está ligado ao mundo espiritual: é por ele que adquire visão.

Da torre, pesados tijolos caem sobre as duas figuras que também tombaram de lá. No entanto, curiosamente, os tijolos só atingem o homem que não está usando a coroa e este cai ao solo sem vida. O outro homem manteve a coroa na cabeça mesmo durante a queda. Não foi atingido pelos tijolos. Eles caíram ao seu lado e ele escapou incólume e vivo.

Os dois homens têm roupas de várias cores. O homem morto usa uma túnica vermelha. A manga do braço esquerdo é azul. O homem com a coroa usa uma túnica azul, mas a manga direita é vermelha e a meia da perna esquerda é amarela. As cores dos trajes mostram que o fato de o homem ser espiritual não tem valor intrínseco; se ele não está *consciente* do fato, precisa morrer quando a torre ruir. O outro homem suportou seu destino com fé cega em Deus; mas por estar ele inteiramente consciente ao passar por suas provas — a coroa indica consciência — ele sobreviveu à queda e permaneceu ileso.

Na figura vemos também dezesseis bolas coloridas que representam o número 16, número desta carta do tarô.

A figura mostra um evento que ocorre inevitavelmente uma vez na vida de todo homem que anda pelo caminho que leva ao grande objetivo.

Os níveis anteriores de consciência foram sentidos no seu mundo interior. Por fora, no mundo exterior, nem os amigos nem os parentes mais próximos notaram nada disso. Agora, entretanto, algo lhe acontece que provoca um efeito profundo em seu destino exterior e que põe em cheque toda a sua vida pública. O modo como isso acontece varia de pessoa para pessoa, e depende do ambiente, da família e do país em que vive e trabalha. Em países sujeitos a guerras, muitas pessoas experimentam a ruína total de tudo o que está à sua volta. Elas perdem seus meios de sobrevivência, toda a família pode ser desenraizada e dispersa pelo mundo. Elas perdem suas posses materiais e seus amigos. Ficam arruinadas. Têm de se defender sozinhas e podem contar apenas consigo mesmas para obter ajuda, pois nada lhes restou. Têm de reconstruir toda a sua existência. Nas guerras do passado e do presente muitos milhões de pessoas experimentaram o que esta carta simboliza. As que estavam inconscientes caíram espiritualmente e nunca mais poderão erguer-se, recuperar-se e continuar, mesmo que tenham sobrevivido como corpos. Como seres humanos estão destruídas, como o homem morto da figura.

No entanto, algumas pessoas que chegaram ao ponto de não serem mais a "pessoa", de não serem mais escravas inconscientes dos seus instintos, mas estão conscientes em seu *Self*, em seu espírito — aquelas que são capazes de manter a coroa na cabeça —, essas serão capazes de reconstruir uma vida totalmente nova. Esses indivíduos nada perderam, antes lucraram.

A pessoa que não tenha sofrido os horrores da guerra em sua vida, no entanto, passa por uma situação em que acontece alguma coisa que lhe ameaça a fé, lhe rouba a segurança interior, portanto, pode destruí-la — no caso de ela permanecer conscientemente no grande caminho que leva ao objetivo. Ela tem de se esforçar e dispor de todas as suas forças interiores para não soçobrar, mantendo-se firme em seus pés. O fato pode assumir várias formas. Alguém perde o ente amado, com quem cresceu junto na alma. No entanto, o homem espiritualmente consciente sabe que a morte não existe, apenas a vida eterna. Ele sabe que é preciso ter paciência, é preciso esperar até que se esgote o seu tempo no relógio cósmico, quando então chegará a hora em que poderá unir-se outra vez ao bem amado. No entanto, enquanto espera, não perde o ente amado pois retém o vínculo espiritual que formou com ele. Portanto, não se desintegra, mas fica firme nos seus pés.

Outros indivíduos, por exemplo, podem passar por esta prova no ambiente de trabalho, quer tenham alcançado ou não uma posição de liderança em sua profissão. Outros podem ser atacados, alguém pode duvidar de sua honestidade, além de sofrerem reprimendas e acusações, apesar de serem inocentes e não poderem se defender.

Outros são desacreditados e malvistos pelos próprios filhos, ou algo que seus pais fizeram mancha a honra do seu nome. Há tantos fatos que abalam os próprios alicerces da vida dos homens que é difícil enumerá-los todos. O destino é mestre em explorar a situação individual e as possibilidades de cada indivíduo, a fim de abatê-lo e destruí-lo sempre e onde for possível. Contudo, os que já experimentaram a morte mística e são superiores ao seu destino tal como a esfinge, conseguindo analisá-lo como se se tratasse do destino de qualquer outra pessoa e não o próprio, os que sabem que o corpo pode ser destruído mas o espírito não, esses nunca serão destruídos. Um desses indivíduos sabe que não importa o que os outros pensam a seu respeito, ou o modo como o tratam, pois isso não altera nem a sua natureza nem a sua honestidade, ou os seus atrativos pessoais. Ele é como é, e nenhuma opinião dos seus semelhantes vai modificá-lo. Ele sabe que Deus está nele e que esta provação também foi enviada por Deus — *da mesma forma que o raio vem do Sol!* — para que aprenda algo de importante para seu desenvolvimento. Quando passar no teste, Deus o ajudará a escapar da destruição, lhe permitirá construir uma nova vida e libertar-se de todos os perigos. Conhecemos graves ocorrências passadas e presentes em que muitos homens inocentes foram atacados, acusados, condenados, aprisionados, exilados e até mesmo executados. Contudo, o homem consciente, superior, nunca poderá ser destruído em seu ser, nem mesmo na força.

Quando Alexandre, o Grande, esteve na Índia com seu exército, ele encontrou um famoso iogue. Falou com ele e gostou muito do sujeito. Quis até que este o acompanhasse até a Macedônia. Entretanto, o iogue não quis acompanhá-lo. Ao saber disso, Alexandre lhe disse:

— Se não vier comigo, mandarei matá-lo.

Ao ouvir isso, o iogue riu-se e respondeu:

— Quer me matar? *A mim*? Nem sequer pode me ver! Pode mandar matar apenas o meu corpo, mas nunca matará o meu EGO, que mora no meu corpo e que SOU EU.

Alexandre ficou tão impressionado com essa resposta que lhe deu ricos presentes e continuou o caminho num estado bastante pensativo de ânimo. Foi assim que este fato chegou até nós. O homem neste nível de consciência precisa comportar-se exatamente da mesma maneira: precisa assumir a mesma postura daquele grande iogue diante de Alexandre, o Grande. Precisa suportar o destino com segurança interior, e tem de lembrar sempre que os homens ignorantes apenas podem torturar e danificar o ego aparente, a pessoa, mas nunca o verdadeiro EGO espiritual, nunca o *Self* superior. E quando todos os seus problemas terminarem, ele não perdeu seus valores, mas tornará a brilhar no mundo exterior. Será capaz de reassumir o seu papel no jogo da vida.

Se um homem for capaz de manter a coroa na cabeça, ele sempre será um rei, um regente do próprio destino. Contudo, terá de passar no teste, terá de passar pela destruição a fim de aprender a não dar maior importância ao trivial deixando em segundo plano o que é importante; terá de colocar o essencial na frente do que não é essencial. "De que te adiantará conquistar todos os tesouros do mundo, se com isso destruíres a tua alma?" (Marcos, 8:36), nos disse Cristo. No entanto, se não perdermos a nossa alma, poderemos perder todo o resto e ainda assim teremos TUDO.

Esta destruição no mundo exterior é causada mesmo que inconscientemente por homens inconscientes que não usam a coroa. Em especial por aquelas pessoas que são orgulhosas, que prenunciam o mal para os outros e para si mesmas, ou então por aquelas que vivem constantemente com medo, sem no entanto admitir isso. Essas pessoas tendem a atrair a destruição para si pois direcionam os próprios destinos nessa direção por seus atos, quer importantes quer não. Inconscientemente, elas sentem que só poderão libertar-se do medo constante e do pessimismo ao vivenciarem o mal de que estão sempre com medo. Depois disso, percebem que não tinham o menor motivo para tal medo — na maioria das vezes, nem sequer sabem do que, na verdade, têm medo. A maior desgraça da nossa época é o medo. Os homens têm medo da guerra; eles têm medo dos estrangeiros dos países vizinhos, por isso desencadeiam guerras. Os homens receiam a miséria, temem pelo parceiro, pelos filhos ou pelo ente amado: receiam perdê-los. Temem ficar doentes, temem acidentes, e temem a destruição geral que pode ser provocada pela bomba atômica. Finalmente, *há muitos que têm medo do próprio medo!*

No entanto, ainda existem uns poucos indivíduos que não têm medo, que trazem na consciência a certeza de que existe um poder superior ao dos homens, e que reconhecem que este poder sempre dá aos homens o que *é melhor para eles*! Portanto, no caso de acontecer uma catástrofe no mundo exterior, esta apenas teria o poder de destruir os *valores fenomenais dos homens*, nunca os valores verdadeiros, genuínos. Esses poucos indivíduos não precisam da experiência da destruição, tal como dela precisam os que estão repletos de medo.

Esses indivíduos privilegiados não procuram ou causam a destruição, quer consciente quer inconscientemente. Mesmo que tenham de passar exteriormente por ela, nem sequer se sentem destruídos. Sabem que a vida não pode ser destruída ou aniquilada. A vida sobrevive a tudo. Nem mesmo a matéria pode ser destruída, pois a matéria das casas destruídas por catástrofes naturais ou por bombas continua jogada por ali, no lugar onde antes estava a casa; apenas a forma que foi construída por aquela matéria tornou-se uma grosseira matéria informe. O mundo material também tira sua vida da VIDA. A destruição apenas acarreta a informidade da matéria, e a VIDA que se libertou da matéria retorna à grande e universal VIDA eterna, retorna para DEUS.

A carta 16 do tarô tem valor numérico 70, que provém da soma transversal do número 16 acrescida do 0, símbolo do espaço ilimitado; sua letra é HAIN.

O número 16 é o resultado de quatro vezes quatro, portanto significa que a matéria se baseia na matéria. O número 4 é o número da matéria. Mas quando tomamos quatro vezes o quatro, temos a matéria ultramaterializada, o que já é indício de destruição. A ultramatéria consiste em ódio, aniquilamento e destruição.

A soma transversal do número 16 é 7, portanto eis mais uma vez o número-chave do âmbito material, o mundo tridimensional. Unido ao 0, resulta em sete vezes o número da Criação completa, portanto, 7 x 10 = 70. Esta é a promessa de que dos escombros começará uma nova vida, mais elevada.

A letra HAIN corresponde ao nome Hazad, cujo significado é "o forte", e "o corajoso". Quem for forte e corajoso, além de consciente, não poderá ser destruído por nada. Esta carta significa que o Espírito Santo cuida da matéria como um Deus: através da "destruição divina" que também sempre leva outra vez à vida.

Isso corresponde ao deus Shiva da mitologia hindu, o deus da destruição, e o deus da renovação surgida dessa destruição.

Carta 17 do Tarô

AS ESTRELAS

Valor numérico: 80
Letra: פ Pe

Eis mais uma vez a Rainha do Céu, contudo sem qualquer dos seus atributos: sem coroa na cabeça, sem asas nos ombros, sem corrente dourada no pescoço, sem cetro na mão, nem roupas no corpo ou sapatos nos adoráveis pés. O cabelo cacheado cai solto cobrindo os ombros e as costas. Ela está nua como no dia em que nasceu.

Ela está numa belíssima campina em meio a uma paisagem adorável. Ajoelha-se sobre o joelho esquerdo, o pé direito estendido à frente, na grama.

Carrega nas mãos as mesmas jarras que já empunhava como a personificação do "EQUILÍBRIO", destinadas à transformação das forças. Naquela carta, ela despejava as duas correntes da vida de uma jarra para a outra. Agora, ela despeja a corrente positiva da jarra dourada, que segura na mão direita, num rio; com a outra jarra, prateada, que segura com a mão esquerda, ela rega primeiro a corrente negativa na terra, no solo, a fim de torná-la macia; depois essa corrente também vai para o rio onde a água jorra para todas as criaturas beberem. Essa é a água do amor universal, a água da vida.

No campo à sua direita, vemos mais uma vez a flor que já apareceu em três figuras diferentes: primeiro, na carta do Mago — como um botão –, depois, na figura da Rainha do Céu — já entreaberta –, por último, na figura do Equilíbrio — onde estava à espera da água da vida para poder abrir-se por inteiro. Agora ela está totalmente aberta, desdobrada e já floresceu. Ela mostra o âmago do seu ser, mostra todos os seus tesouros, não oculta mais nada. Uma borboleta azul pousa no cálice da flor e suga-lhe o néctar.

Em segundo plano, vemos no céu estrelas de várias grandezas. A menor dessas estrelas, azul, está acima da cabeça da bela mulher. Há quatro estrelas de tamanho médio formando um quadrado. Todas essas estrelas possuem oito pontas. A estrela maior, em cima, é amarela; a menor, diretamente abaixo da maior, é azul. Contudo, a oitava estrela, na verdade, é composta por duas estrelas de oito pontas.

Se tivermos acompanhado com atenção a descrição das cartas, será fácil adivinhar que essa belíssima mulher nua simboliza a alma dos homens. Depois do tremendo colapso da sua personalidade, o indivíduo também joga fora o seu último envoltório, a sua última máscara. Nada mais resta dele a não ser o que ele é na realidade, ELE MESMO. Nu, sem nada para cobri-lo, mostra a alma tal como Deus a criou, um espírito vivo em seu autêntico *SELF* superior. Nada mais possui, visto que o que tem como ser humano não lhe pertence, apenas se destina ao seu uso. E mesmo que ainda não seja dono dessas duas correntes de vida, já pode governá-las e dominá-las. Ele despeja essas duas grandes correntes, o fluxo positivo e o fluxo negativo, da jarra dourada e da prateada para a grande corrente da vida, onde todos os homens podem beber. Ele não precisa mais reter nada para si mesmo, já não despeja a água de uma jarra para outra, como na décima quarta carta do tarô, O Equilíbrio; ao contrário, nesta ele dá todos os tesouros e a verdade sobre os dois fluxos da vida que encontrou durante o grande percurso pelo caminho aos semelhantes para que com a sua ajuda estes possam prosseguir mais rapidamente rumo ao objetivo. Onde for necessário, ele dá a força masculino-positiva: encoraja aos fracassados e ajuda para que continuem na luta da vida até obterem a vitória. Onde for preciso, ele dá a força feminino-negativa: providencia consolo e carinho, compreensão e amor. Suas jarras nunca se esgotam, são inexauríveis. Quanto mais coragem e força, quanto mais compreensão e amor ele dá, tanto mais fortes e ricas se tornam essas fontes de suas "jarras" — que fluem do coração.

A flor da sua alma, sua consciência, se abriu. Ele trouxe tudo à consciência; no seu inconsciente não tem mais nada, isto é, *ele não tem mais inconsciente*. Conheceu a si mesmo, e agora revela todos os tesouros que Deus lhe deu e os que ele mesmo encontrou. E as criaturas superiores da Criação descem dos mundos mais elevados e repousam na sua alma aberta, tal como as borboletas descem do céu para a flor aberta a fim de sugar o néctar do seu cálice. A borboleta representa, portanto, a ligação interior com os mundos superiores. Como o anjo de Deus desceu até Jacó e ao seu poço no deserto, da mesma forma, nesse estado alterado superior, o ser humano se relaciona em seu íntimo com os seres de mundos superiores, com os espíritos do Senhor. Mesmo que seja um solitário entre os homens na vida cotidiana, e mesmo que se sinta como Jacó no deserto, ainda assim, tal como este, está à beira do poço da fonte da vida. Ele bebe dessa fonte e não se sente mais sozinho. DEUS está sempre ao seu lado.

Neste nível de consciência, o homem não tem outro pensamento, não tem nenhum outro desejo a não ser trabalhar na grande obra, na salvação do mundo. Para ele, isso não representa nenhum sacrifício, nenhuma renúncia, pois proporciona-lhe grande alegria, quando vê que mesmo aqueles que até agora vagavam na escuridão, seguem-no e conseguem evoluir. Isso lhe dá alegria, e ele se sente pleno de satisfação ao descobrir que seus seguidores já compreendem o que é essencial na vida e não correm mais atrás das coisas sem importância. Alegra-se quando vê que seus semelhantes seguem a sua orientação ao longo do caminho, livres de ansiedade, com fé profunda em Deus, mergulhando no grande todo como se fossem minúsculas moléculas e tornam-se filhos de Deus, ou como Cristo disse, o sal da Terra.

O ser humano no nível simbolizado pela décima sétima carta do tarô é como uma estrela cintilante brilhando na escuridão do céu. Tal como os planetas brilham durante a noite por refletirem a luz do Sol, da mesma forma o homem transmite a luz que recebe de Deus. Ele irradia amor e luz a todos os que entrarem em contato com ele e brilha como uma estrela, com sua sabedoria e profunda fé em Deus. Na figura, vemos quatro estrelas amarelas formando um quadrado. Invariavelmente, o quadrado simboliza a matéria. Ele ensina aos seus semelhantes fatos sobre os profundos mistérios da Criação e da natureza humana. Explica racionalmente as leis da vida e do destino; quer comunicar-se com os homens através do intelecto.

Acima da cabeça da mulher vemos uma pequenina estrela azul, símbolo da sua luz pessoal, da sua fé devotada. Esta mulher nunca poderá ter pensamentos vulgares ou comuns, nem se preocupará com coisas simples ou obscenas. Sua personalidade foi purificada, pois irradia pureza. As duas estrelas maiores bem acima da menor, azul, simbolizam com sua bela cor os poderes mentais mais elevados, os quais representam a pureza e a devoção de Deus. A estrela muito maior e dupla consiste em duas estrelas, uma amarela e outra verde. A amarela é uma estrela maior do que a verde que fica atrás dela. Essa estrela simboliza o *Self* superior, o espírito do homem que se manifesta através da sabedoria e da inteligência elevada, bem como através da devoção a Deus. O espírito brilha como uma estrela radiante através da sua pessoa, através da sua alma, e derrama luz ao seu redor, onde quer que esteja. Assim como a Estrela de Belém revelou aos três reis Magos o caminho até a manjedoura com o Redentor, da mesma forma o homem brilha e irradia neste nível, e mostra a cada ente vivo o caminho da redenção.

A décima sétima carta do tarô tem valor numérico de 80, que é a soma dos dígitos 17 e do 0, que representa o espaço ilimitado. Sua letra é PE.

O número 17 é divisível apenas pelo número 1 e por si mesmo. Portanto, trata-se de um número primo, invariavelmente sinal de isolamento. Isso se refere ao fato de neste nível o homem se isolar cada vez mais do mundo que o cerca. Ele é objetivo, espiritual, e está aberto a todos: a todos revela livremente sua percepção. Contudo, mantém silêncio quanto aos seus negócios pessoais; nem mesmo os acha interessantes, quanto mais ainda, dignos da preocupação dos outros! Ele não quer perturbar ninguém com seus assuntos pessoais. O valor numérico 80 mostra que já está ligado ao "infinito", o oito horizontal, e também ao 0 — 80 é divisível por 8 números —, e que tem um relacionamento *íntimo* com grande número de pessoas. Assim

está isolado apenas na pessoa — como o número 17 — apesar de ter um relacionamento íntimo, espiritual, com os seres humanos, o valor numérico 80. As bocas das duas jarras superpostas formam o símbolo da infinitude, o 8 em posição horizontal, portanto a lemniscata ∞ .
Já vimos isso na cabeça do Mago, primeira carta do tarô, e na cabeça do Amor, décima primeira carta do tarô, bem como na oitava carta do tarô — os dois pratos da balança.

    Em hieróglifos, a letra PE significa "língua". Portanto, é a continuação da letra BETH ou da segunda carta do tarô, que na linguagem hieroglífica significa "boca". Então a grande sacerdotisa ainda estava com a boca fechada. Ela não queria divulgar os segredos do outro mundo e mantinha silêncio. Nesta carta, a linguagem flui da boca humana; a "linguagem" é aquela das energias criadoras que jorram da boca das duas jarras e que é transmitida dessa maneira. Neste caso, "linguagem" significa a divulgação do "fluido" cabalístico, do conhecimento.

Carta 18 do Tarô

A LUA

Valor numérico: 90
Letra: צ Tzaddi

Esta carta do tarô é dominada pelo grande disco lunar que contém a face de uma bela mulher de perfil. Seu rosto é roliço, delicado; ela nos faz lembrar uma boa mãe. O segundo plano do disco é azul como o céu. A parte posterior da cabeça consiste numa listra branca e amarela. Como já sabemos de explicações anteriores, o fundo azul e a listra azul representam a devoção e a fé em Deus; a listra branca representa a pureza; a amarela, a inteligência, a compreensão e a esperteza. O disco lunar que contém o belo perfil feminino está cercado por oito pontas, tal como os raios que envolvem a Lua. Estes indicam o número da carta. Entre as longas pontas amarelas encontram-se também algumas pontas vermelhas que se destacam das amarelas em segundo plano. As pontas amarelas são os poderes intelectuais que emanam da cabeça inteligente, e as pontas vermelhas, em segundo plano, denotam a espiritualidade manifestada através dos poderes intelectuais da mulher. Das pontas vermelhas de luz caem para o chão grandes pingos coloridos, como se fossem as folhas de uma árvore. São pingos amarelos, verdes e vermelhos. Isso significa que desse rosto, desse ser lunar, irradiam boa vontade e humanidade, bem como inteligência e espiritualidade para todas as criaturas vivas da Terra.

No chão, vemos uma paisagem dividida em duas partes. Sentimos que há uma grande diferença, uma aguda distinção entre o primeiro e o segundo plano. Na divisa para o segundo plano, à direita e à esquerda, vemos duas torres sólidas. São os remanescentes daquela que foi atingida pelo raio na décima sexta carta do tarô. Aqui as torres não têm quatro, mas três ameias quadradas. Isso já demonstra que houve certa espiritualização da matéria. As duas torres são construídas de sólidos tijolos e cada uma delas tem uma janela. Na torre da esquerda, a janela está aberta; na da direita, está fechada.* Ao pé da torre da direita, uma porta aberta conduz ao primeiro andar; o morador da torre saiu; por isso a janela está fechada. Contudo, ele não veio para a frente, mas dirigiu-se para trás, para a amplidão infinita.

* Por um erro do artista, isso não foi claramente desenhado na figura.

Primeiro, precisou mergulhar no lago azul. A outra torre não tem portas, apenas uma janela aberta. Essas torres correspondem aos dois pilares de Salomão, "Jaquin" e "Boaz", e às duas pernas do Logos, uma das quais fica no oceano e a outra em terra firme.

Entre as torres, há um caminho do lado direito do primeiro plano, que se perde a distância. Ele é vermelho, e, portanto, trata-se de um caminho inteiramente espiritual!

Na frente das torres há dois animais. Um cão branco e um lobo negro. Já sabemos que o cão branco simboliza algo puro; o lobo negro, por outro lado, indica algo diabólico e material. Os dois animais olham para a Lua e uivam a plenos pulmões. São os guardiães do limiar.

Em primeiro plano, há um poço grande e redondo. Nele vemos pequenos tufos de vegetação aquática e um grande caranguejo vermelho. O poço simboliza a memória humana na qual estão guardadas todas as coisas que aconteceram em nossas vidas; o caranguejo é o nosso espírito, o nosso *Self* superior que mergulha no poço das memórias a fim de fazer um inventário final dos acontecimentos. O caminho que se perde a distância entre as duas torres passa por este poço. Vemos como o caminho se torna sinuoso em meio aos destroços das torres, tornando-se outra vez reto a distância.

Ao olhar para esta figura, obtemos uma impressão de tranqüilidade solene e dramática. Neste momento, deve acontecer algo decisivo capaz de afetar toda a vida futura do homem que experimenta esse nível de consciência. Depois de todas as experiências que fez nos seus estados anteriores, ele chega ao grande limiar em que *realmente*, e não apenas intimamente, abandona todas as coisas mundanas e passa para o plano puramente espiritual, tal como no momento da morte. Ele atravessa o limiar entre a ressurreição e a vida — e a morte. Primeiro, tal como o caranguejo nas profundezas do poço, ele mergulha nas profundezas do seu ser onde ficam todas as memórias, a fim de digeri-las e pensar a respeito do que lhe aconteceu durante esta vida. Ele digere tudo o que viveu e tudo o que aprendeu com seus semelhantes, com a família e no trabalho; anota tudo e tudo esclarece. Relembra toda a sua vida terrena e chega a bons termos com ela. Quando conseguir passar com esforço por esse estágio de desenvolvimento, estará intimamente como era no momento em que nasceu e como será na hora da sua morte. Nada trouxe consigo, e não poderá levar nada. Quando entrou neste mundo, ele simplesmente estava *aqui*, na sua consciência; não tinha pais nem amigos, cônjuge nem filhos, muito menos netos, não tinha nada, nem sabia o significado da palavra possuir. Para ele, o universo era um todo ao qual estava ligado e que simplesmente existia e com o qual não tinha nada a ver, e com o qual ainda não tinha estabelecido nenhum vínculo. Agora, ele alcançou outra vez esse estágio. Nada lhe pertence pessoalmente, mas ele mesmo também não pertence a ninguém. Libertou-se de tudo o que ainda tolhia a sua liberdade, da mesma forma como seremos livres ao morrer. Deixa tudo atrás de si, e segue as pegadas dos titãs espirituais que percorreram o mesmo caminho antes dele, o caminho que conduz à ressurreição, à eternidade. Contudo, precisa primeiro pisar no caminho que leva para fora da realidade ilusória, terrena, do poço "do recolhimento ao *Self*" e da "reflexão sobre tudo o que aconteceu" passando por entre as torres, no caso de os cães o deixarem passar; depois deverá continuar seu caminho. Ao passar por ele, terá de ser muito cuidadoso em seguir apenas nos rastros dos seus grandes predecessores que também certa vez cruzaram este limiar. Precisa seguir exatamente a rota desses titãs. Não pode desviar-se de suas pegadas: um único passo em falso e cairá outra vez no ponto em que começou. Não pode permitir-se tropeçar neste estágio, visto que já se trata de um assunto de vida ou morte.

A passagem é estreita. As torres estão bem perto uma da outra, forçando-o a passar pela brecha estreita. Além disso, há os dois animais, guardiães do limiar, que não querem deixá-lo passar. Estes animais, que às vezes se parecem com dragões e algumas vezes são o Cérbero da mitologia grega, podem ser vistos nas entradas das igrejas tanto da Europa como da Ásia. Quem são esses guardiães do limiar? E por que um é branco e o outro negro? Por que no final é o cão branco que não o deixa passar, uma vez que essa sua cor mostra que ele simboliza algo puro, espiritual e belo? Na verdade, é exatamente por isso!

Reconhecemos nos dois animais as duas estranhas criaturas da décima carta do tarô, A Roda do Destino. Naquele caso, o lobo ainda era um demônio; mas o cão já era um cão. Eles demonstram o instinto de preservação da espécie e o instinto de autopreservação. Naquela carta os animais ainda participavam do destino do homem, embora este já fosse superior e imparcial, tal como a esfinge. Agora, no entanto, ele finalmente deixará esses dois para trás, tal como deixamos para trás nossos instintos e nossos desejos aqui da Terra, quando morremos. Agora, os atributos dos animais já são outros. O lobo, antes um demônio, não tem mais o tridente de Netuno, nem o cão o seu bastão de Hermes. Com isso, têm muito menos poder sobre o homem. O lobo, que, com o instinto da preservação da espécie, exerceu certa vez um poder "diabólico" sobre ele, agora nada mais é do que um animal. O mesmo vale para o cão, que uma vez agiu como o medo mortal na consciência humana. Nenhum dos dois pode sujeitar mais o homem ao seu poder; pois este já está acima deles, tal como a Lua que observa de cima a paisagem. Só podem uivar e latir contra ele, com a intenção de assustá-lo. Muitos caem nesta armadilha, pois no momento em que alcançam o limiar e querem cruzá-lo para a vida puramente espiritual enquanto ainda vivem no corpo mortal, são assolados pelo medo de morrerem de fato fisicamente, de sentir a morte... Eles se retraem de medo e voltam para este lado da vida, para o estado material-mundano de consciência. Por isso, nos rituais iniciáticos antigos, testava-se a coragem do candidato diante do perigo mortal. Mas o nosso Mago que já passou por todos esses estados pré-

111

vios de consciência, não precisa mais desse teste. Ele não permite que os guardiães do limiar impeçam a passagem. Ele sabe que não existe morte, só a vida eterna, e quer entrar custe o que custar. O lobo ainda ameaça o homem corajoso, *mas não o morde*. Ele o deixa passar. Só o cão branco, símbolo dos seus laços animais e psíquicos, tem de ser conquistado ainda. Quando o Mago atingiu o estado em que deseja atravessar conscientemente o limiar e mergulhar no oceano da divindade — neste momento envolvente, a imagem do ente amado, talvez um filho, surge das profundezas e este pensamento apenas é suficiente para o cão branco impedi-lo de passar com a sua aparição. Ele quer atormentá-lo explorando o amor — o amor pessoal! Mas nada disso! Mesmo que se afaste daqueles a quem ainda ama com um profundo afeto pessoal, ele sabe que não perderá essas pessoas, mas se aproximará mais delas no mundo espiritual. Inteiramente fundido com Deus numa divina UNIDADE, ele tornar-se-á *um* não só com aqueles a quem ama, mas com todo o universo, o que inclui esses últimos. E com a sua consciência ele continua corajosamente no caminho, seguindo nas pegadas dos GRANDES — para a distância ilimitada, para a imortalidade, para a eternidade. Cruza o limiar, nada sobrou que o possa atormentar, nenhuma aparição pode mais detê-lo. Em sua consciência, atravessa os portais da morte para encontrar do outro lado a tão ansiada salvação!

    Em abençoada meditação o homem pode experimentar tudo isso. Em tal estado de consciência o homem é capaz de fazer qualquer coisa, tal como a Lua que de cima espia a Terra. Tal como o caranguejo desta figura se recolhe ao poço, da mesma forma o homem em meditação se recolhe para o *Self* divino. E tal como a Lua reflete como um espelho a luz do Sol para a Terra na escuridão do céu, agora o homem irradia a luz de Deus para todo o mundo, para toda criatura viva, para cada planta, animal e homem. Ele já não faz diferença entre as pessoas com as quais está ligado por laços de parentesco humano e as outras com as quais o seu vínculo é puramente espiritual. Ele pode ver que a consangüinidade é puramente animal, trata-se de um vínculo meramente físico. Quando não há um vínculo espiritual subjacente com os seus parentes, então ele não considera esse parentesco, igualando-os a todas as outras criaturas deste mundo. Na morte, desaparecem todos os vínculos de sangue com o corpo, restando só a união espiritual em DEUS. Nele, então, sentimos a união interior com tudo o que vive, sentimos que na nossa PERCEPÇÃO DO *SELF* estamos relacionados com todo o universo vivo, sentimos que podemos experimentar, e de fato experimentamos, os frutos da ÁRVORE DA VIDA.

    Uma antiga fábula hebraica conta-nos o seguinte. Um velho judeu perguntou ao seu vizinho:

    — A quem você ama mais, ao seu irmão ou ao seu amigo?

    — Amo meu irmão como se ele tivesse se tornado meu amigo — respondeu o outro.

Não é a relação sangüínea que vale. O essencial é a unidade espiritual!

Neste nível de consciência, o homem cruza o limiar entre a vida e a morte, do ponto de vista mundano. Entretanto, do ponto de vista espiritual, este limiar é entre *morte e vida*. O nascimento físico na matéria significa a morte do espírito, mas o nascimento no mundo espiritual, no *reino nativo* do espírito, demonstra a ressurreição e a vida eterna do espírito — mas representa, por outro lado, a morte para a consciência terrena. Do lado terreno, o primeiro plano da paisagem dividida da décima oitava carta do tarô indica a vida, e o segundo plano, a morte. Do lado espiritual, entretanto, o primeiro plano significa a morte, e o segundo plano a ressurreição e a vida eterna em DEUS! O Mago que está passando agora por aqui é aquele que anda vendo tudo *de cabeça para baixo* desde a décima segunda carta do tarô!

Desde que cruza o limiar, no que se refere ao seu espírito, desaparece diante dos olhos das pessoas mundanas. Estas ainda vêem o seu corpo, mas o seu ser interior cada vez se interioriza mais, até que elas não mais o compreendem. Ele desaparece no caminho que leva ao infinito, à eternidade. Agora não só este homem vê tudo às avessas, mas também vê a transitoriedade em tudo o que é mundano, uma vez que aprecia o que é duradouro, o que é eterno. Por trás de todas as formas terrenas, quer se trate de uma planta, de um animal ou de um homem, vê somente o duradouro, o eterno, o absoluto. Em cada forma terrena ele já percebe seu futuro, como se este já fosse o presente, a transitoriedade, a modificação constante e a derradeira dissolução de tudo o que é forma, o seu retorno ao ponto do qual veio: DEUS. No caso do seu próprio corpo mortal ele também vê a mudança, a transitoriedade, a extinção vindoura e o seu desaparecimento da esfera terrestre. Agora ele sabe que o seu verdadeiro ser, o seu EGO, o seu *SELF*, não tem nada a ver com a transitoriedade, visto que o verdadeiro *SELF* é eterno, da mesma forma como DEUS é eterno.

A décima oitava carta do tarô tem valor numérico 90, o que consiste na soma dos dígitos do número 18 mais o 0, símbolo do espaço ilimitado. Sua letra é Tzaddi. O número 18 consiste no número divino 1 mais o número 8. O número 8 significa a queda do que é espiritual na matéria, portanto, o reflexo espelhado e o eterno ciclo infinito do espiritual para o material e deste para o espiritual outra vez. Comovido diante da cachoeira de Staubbach no vale de Lauterbrunnen, Goethe escreveu:

Des Menschen Seele gleicht dem Wasser:
Von Himmel kommt es, zum Himmel steigt es.
Und wieder nieder zur Erde muss es,
Ewig Wechseld.

[A alma humana é como a água:
Desce do céu, ao céu ascende,

E de volta à Terra desce,
Num eterno vaivém.]

O espírito livre é aprisionado nesta eterna circulação, o que para ele representa a morte. Mas se acrescentarmos o número 8 ao número divino 1 e tirarmos a soma transversal desse número, surge o número 9, o número do ajustamento e da adaptabilidade perfeitos. Neste nível, cada carta do tarô, portanto, cada número contém o símbolo da infinitude, o 0, e assim os dois números resultam no número 90. O número 9 foi discutido quando falamos sobre a nona carta do tarô. Mostrou-se que ele representa a "auto-renúncia" e a auto-anulação. Este número sempre continua ele mesmo, não se modifica; não importa o quanto seja manipulado, ele sempre continua 9 e a sua adaptabilidade é igualmente inalterável. Junto com o 0, o número 9 não representa mais a adaptabilidade aos poderes *terrenos;* antes, este número 90 transforma-se num *instrumento de Deus*, que se auto-sacrifica e é maleável.

A letra TZADDI indica uma margem, um final, um objetivo. TZADDI é um signo terminal que se refere a todas as idéias de limitação e de libertação da divisão e do objetivo. Neste caso, ela simboliza a margem entre a vida e a morte — e vice-versa. Como hieróglifo, TZADDI representa um poço habitado pelas criaturas elementais, as ninfas e os tritões. Em linguagem simbólica trata-se do poço das "criaturas vivas", pois a água pulula de *experiências vivas* do inconsciente que se manifestam, ou seja, *do inconsciente que se torna consciente*. Como uma letra, TZADDI corresponde à letra TETH, o número 9, O Eremita. Na linguagem hieroglífica TZADDI e TETH expressam o mesmo conceito, algo que oferece amparo e abrigo ao homem, como um telhado quando chove. Ou como o seu anjo da guarda.

Carta 19 do Tarô

O SOL

Valor numérico: 100
Letra: ק Koph

Vemos aqui os dois pólos opostos que também são manifestados através dos dois sexos. Já os encontramos em várias das cartas anteriores. Uma vez na quinta carta do tarô, onde os dois sexos foram representados ajoelhados juntos diante do Grande Sacerdote; depois na décima quinta carta, onde estavam acorrentados ao pedestal de Satã, como dois demoninhos — um masculino e outro feminino. Na quinta carta ambos estavam vestidos, e embora se tocassem mutuamente, eram de todo independentes, eram seres livres. Na décima quinta carta já estavam nus, revelavam seu verdadeiro ser e encontravam-se atados com uma forte corda a um anel de aço na base do pedestal de Satã. Então ainda eram escravos desnudos do demônio.
    Tornam a surgir agora, como dois jovens atraentes e redimidos. Usam apenas uma tanga de linho. Tal como na décima quinta carta do tarô revelavam a sua verdadeira natureza em completa nudez — naquela época ainda eram diabólicos visto que estavam escravizados a Satã — mostram aqui a sua verdadeira natureza que é pura, sadia e bela. O rapaz usa a tanga vermelha, portanto, masculino-positiva, espiritual; a tanga usada pela mulher é verde-azulada, portanto, negativo-feminina, psíquica. Neste caso, os sexos podem ser vistos não como um princípio físico-material, mas como um princípio espiritual. Ambas as figuras têm cachos dourados, e essa cor é realçada pelo brilho do Sol. Elas se dão as mãos. O jovem rapaz estende a sua direita, a mulher a esquerda. Eles se abraçam mutuamente atrás das costas com os outros braços. Estão colocados em posições perfeitamente simétricas, o que demonstra que são seres iguais.
    O anel de ferro com o qual as figuras estavam acorrentadas a Satã como demônios, tornou-se agora uma adorável guirlanda que está deitada no chão. As duas figuras estão lado a lado dentro dessa guirlanda. Portanto, encontram-se outra vez juntas, não mais fisicamente, externamente unidas, como Satã as acorrentara; agora estão unidas no espírito, tal como se tivessem se complementado uma à outra e formado uma unidade, antes de Satã as separar. O círculo invariavelmente simboliza o espírito, portanto, elas estão unidas pelo simbolismo visual. Não possuem vestes mundanas nem corpos mortais.

Essa união dentro da guirlanda simboliza uma unidade interior, puramente espiritual. O homem que alcançou este nível de consciência possui esta unidade puramente espiritual dos dois sexos, na qual os dois pólos repousam um no outro, *dentro dele mesmo*. As duas figuras encontram-se diante de uma robusta parede, que tanto é um túmulo como um cadinho alquímico. Neste se completam os processos alquímicos. Esse túmulo, esse cadinho, representa a promessa de que em certa ocasião dele sairá alguma coisa dourada, perfeita e viva. Por enquanto, vemos apenas que o muro do túmulo é construído com pedregulhos de diferentes cores, e que portanto dentro dele atuam forças diferentes. Também já sabemos que a cor vermelha significa espiritualidade, a azul significa a fé de Deus, e a amarela, a força da inteligência.

Acima dos dois jovens, brilha um grande Sol dourado, que derrama seus raios amadurecedores, quentes e penetrantes. O Sol tem doze raios amarelos e doze raios vermelhos. Isso é uma indicação à duodécupla divisão do céu, é uma menção ao Zodíaco. Ele irradia espiritualidade e sabedoria. Seus olhos são azuis, e ele tem lábios vermelhos muito bonitos. Tal como na décima oitava carta a Lua dominava toda a carta, neste caso quem domina é o Sol. Sem dizer uma única palavra, ele ilumina toda a Terra à sua volta com o seu ser radiante, e acarreta no ambiente as mais intensas alterações alquímicas. Ele brilha sobre o cadinho que se assemelha a um túmulo. Isso nos leva a concluir que neste também ocorre um forte processo alquímico.

O homem que está no nível representado pela décima oitava carta do tarô, atravessou a fronteira entre a morte e a vida — e entre a vida e a morte —, tornou-se o seu próprio *Self* superior, que sempre existiu como a sua voz interior, como o seu "espírito santo". Agora o TU transformou-se em seu próprio EGO, transformou-se em SI MESMO. TAT TVAM ASI nas palavras da filosofia Vedanta hindu, TU ÉS ISSO. No nível de consciência representado pela décima nona carta, o homem deixa de ser um refletor da luz, tornando-se a própria fonte da luz. Ele não é mais um espelho como a luz que apenas reflete a luz do Sol, portanto incapaz de irradiar a própria luz e calor; *ele se transformou no Sol, na fonte de luz!* O agente da revelação tornou-se um *revelador*. Ele mesmo se transformou na fonte das manifestações. Ele irradia sua sabedoria e amor, sua espiritualidade divina para o mundo inteiro, e o ilumina com seu ser dourado. Através do seu *Self* dourado surge uma criatura viva inteiramente nova, um homem novo amadurece dentro de si de tal modo que o seu corpo também se transforma por um processo químico — já em fase final — e todos os metais que ele contém são transformados em ouro. É verdade: *Ele mesmo* está dentro do esquife, no atanor, e é transformado dentro dele. A velha pessoa morrerá aqui, a fim de dar lugar e vida a uma pessoa *nova*. Como está descrito nos velhos livros sobre alquimia, a Fênix é consumida pelo fogo, mas então uma nova ave magnífica renasce das cinzas e voa bem alto nos céus.

Agora isso não mais ocorre simbolicamente, mas ocorre na *realidade material*. Agora a pessoa não é mais destruída em termos simbólicos, o corpo humano é transformado, com ossos e tudo. Essa transformação *pode ser provada e atestada quimicamente*. Como Jesus, Buda e outros homens bons, o homem tem em si dois pólos; unidos espiritualmente dentro dele possui os dois sexos. Os dois pólos se complementam reciprocamente, no espírito do homem. Os dois sexos têm a mesma força em seu espírito, e também se manifestam em seu ser espiritual. Ele tanto é positivo como negativo e, portanto, o seu corpo não mais reage de forma unilateral. Tanto no corpo como no espírito ele é neutro. O outro sexo não mais exerce influência no seu corpo, visto que carrega conscientemente os dois sexos, os quais se complementam dentro dele, tal como DEUS tem os dois pólos em si num estado de repouso bem equilibrado. O símbolo chinês antigo para Deus — Yang e Yin — nos mostra os dois pólos repousando dentro um do outro em perfeito equilíbrio.

Desde os primórdios da humanidade houve iniciados que reconheceram o segredo da transformação alquímica do corpo e o ocultaram dos homens imaturos. Eles o transmitiram apenas aos seus discípulos. Este segredo originou-se no Oriente e foi trazido para a Europa na Idade Média pelos cruzados. Aqueles que o aprenderam na Europa e o transmitiram aos seus discípulos deram a si mesmos o nome de rosa-cruzes ou alquimistas. Esses iniciados sabiam que com o desenvolvimento da consciência, *o homem também modifica a composição química do corpo*.

O homem consciente pode *acelerar* o seu processo químico por meio de vários exercícios. A *maturidade espiritual*, entretanto, é indispensável; por isso o segredo não pode ser revelado a pessoas imaturas. Tendo isso em mente, os rosa-cruzes ocultaram seus conhecimentos em escritos misteriosos e em quadros a fim de despertar o interesse dos *homens maduros*.

As representações pictóricas simbólicas dos rosa-cruzes são idênticas às das cartas do tarô. Por exemplo, encontramos com muita freqüência Satã analisado pelos rosa-cruzes e pela maçonaria, que surgiu como um desenvolvimento do rosa-crucianismo. Contudo, também encontramos outros temas das cartas do tarô; a figura da morte ou do cadinho do alquimista ou a dos sexos de mãos dadas representados por um homem e uma mulher que muitas vezes usam uma coroa. Em especial, as últimas quatro cartas do tarô são reconhecíveis nas representações rosa-crucianas, alquímicas e maçônicas. Por isso na décima nona carta do tarô vemos a divina-espiritual energia solar sendo desenvolvida no cadinho, neste túmulo humano. E tal como a Fênix, o homem ressuscitará das cinzas do Atanor, como um ente ressuscitado. Neste caso sentimos que algo da maior importância e solenidade acontece no atanor-túmulo. O homem comum torna-se um *homem de magia (mágico)*.

O sol espiritual deixa a sua energia própria, a sua torrente dourada de luz atingir o túmulo-atanor. Assim se alude aos exercícios secretos que podem ser praticados pelo homem espiritualmente maduro que já cruzou o limiar, a fim de acelerar seu desenvolvimento para que o seu corpo se apronte e se torne apto a receber e a absorver as freqüências divinas mais elevadas. Assim como se pode imantar o ferro comum, da mesma forma, através desse processo, pode-se tornar o homem comum um homem *mágico*. O homem comum que não possui luz própria torna-se uma fonte divina de luz, que já não precisa mais de ajuda e que, no entanto, pode prestar ajuda a todo homem e a toda criatura vivente.

As primeiras nove cartas têm números de um só dígito; as nove seguintes são aumentadas de dez em dez e as últimas quatro elevam-se às centenas. A décima nona carta do tarô, portanto, tem valor numérico 100 que consiste na soma dos dígitos do número 19, mais o 0, símbolo do espaço ilimitado. Sua letra é **KOPH**.

O número 19 consiste no número original divino 1 e no número do auto-sacrifício, o 9, que também simboliza o criativo-negativo que permanece em qualquer ocasião, visto que sempre se adapta perfeitamente e portanto é o feminino absoluto.

Já discutimos exaustivamente o número 9 ao falarmos da nona carta do tarô. Uma vez que o 9 não modifica o número básico 1 ao qual é somado, ambos os números juntos resultam no número original 1 acrescido do 0, portanto o 10. O número 10 representa a plenitude e a perfeição da Criação. Trata-se do retorno ao 1 que é a fonte, com a perfeita criação no espaço no 0, porque este contém os dois sexos, os dois pólos, o número 1, o pólo positivo-divino e o número 9, o pólo negativo-divino. Também aqui, o homem completa o seu desenvolvimento na Criação. Já alcançou o seu limite mais elevado, a plenitude e a perfeição. Assim, ele também se tornou o número 10. Essa carta tem o 10 ao quadrado, portanto 100. Cada lado do símbolo da matéria, portanto cada lado do quadrado, tornou-se 10. E 10 ao quadrado é 100.

Na linguagem hieroglífica, a letra KOPH indica uma arma que pode defender e proteger uma pessoa. Ela significa luz que ilumina e dá vida à Terra, e corresponde ao nome Kodesch, que significa aproximadamente "santo". Este rege as estrelas e o que não tem vida, pois é ele que lhe dá a vida.

Carta 20 do Tarô

O JULGAMENTO

Valor numérico: 200
Letra: ר Resch

Nesta figura vemos um anjo no céu tocando uma corneta. Como a Rainha do Céu ele usa uma roupa vermelha e azul com borda amarela. Tem um boné vermelho que revela a sua grande espiritualidade. Possui duas asas desenvolvidas que lhe permitem voar através do espaço ilimitado. Irradia doze longos raios vermelhos e amarelos para a Terra. O número 12 também é uma indicação da divisão duodécupla do céu por meio dos doze signos zodiacais. O anjo toca uma grande corneta dourada para anunciar a chegada do tempo em que a "antiga pessoa mortal" se transforma no "novo homem imortal". Ele assopra a corneta a fim de despertar os homens do túmulo para a ressurreição. A cruz vermelha que vemos no centro da bandeira refere-se à transformação da matéria — o corpo do homem ressuscitado. Na fornalha todo metal transformou-se em ouro. Como já sabemos, esta fornalha é o próprio homem e o seu progresso espiritual não só ocasiona uma transformação simbólica, mas também a transformação do seu corpo. O homem surge do túmulo assim como Cristo.

Na terra abaixo, vemos o túmulo onde está deitada a "antiga pessoa" e de onde se levanta o "novo homem". O túmulo está aberto. Este "novo homem" é representado na figura como uma "criança" crescida. Isso mostra que como a criança, ele traz o sexo em si mesmo em estado de dormência, pois ainda não o identificou em sua consciência. Cristo nos disse: "Se não fores como as crianças, vos digo, não entrareis no reino dos céus"... Estas palavras têm algumas outras implicações importantes e um dos seus significados é que, como criancinhas ainda não somos seres sexualizados, da mesma forma que não o seremos quando alcançarmos o estado divino de consciência e a celeste paz interior. Isso não quer dizer que devemos ser assexuados e anormais, mas, ao contrário, perfeitamente sadios e normais como as crianças mesmo que não revelemos ainda ativamente a nossa sexualidade. Podemos utilizar as energias sexuais *para nós mesmos* e não desperdiçá-las trazendo à luz outro ser humano.*

---

* Veja algo mais sobre o assunto em *Sexuelle Kraft und Yoga* (Energia sexual e ioga) da mesma autora, Elizabeth Haich.

Na figura vemos, assim, um ser humano sadio mas infantil que, no grande momento em que se levanta do túmulo, sai dele como um recém-nascido e ressuscitado. Ele está perturbado e encabulado. Simplesmente está PRESENTE AGORA. Ele vive o presente absoluto.

À sua direita e à sua esquerda há duas figuras que o estão admirando: um homem e uma mulher nus. Eles simbolizam os dois sexos. A parte inferior dos seus corpos foi enterrada *no chão*. Isso significa que eles ainda gastam seus impulsos sexuais como prisioneiros da terra. Ambos são normais, pessoas saudáveis e, no entanto, não são felizes, caso contrário não estariam olhando com tanta admiração para o homem que sai do túmulo. O fato é que conhecem bem demais os problemas e o sofrimento causado pela vida sexual, eles sabem como os homens se tornam cativos dessa vida, e conhecem a perda de liberdade que ela traz; além disso, sabem muito bem que o prazer sexual é efêmero. Quando as glândulas se esgotam, o que resta da magia sexual, o que sobra do encantamento erótico? Apenas escravidão, a perda da liberdade. Essas pessoas prisioneiras do sexo olham com admiração e ansiedade para o homem novo, ressuscitado, semelhante a uma criança. Elas são "buscadoras" à procura da salvação e invejam e admiram o homem que a encontrou e experimentou. Ambos estão com as mãos postas em oração, o que mostra a sua reverência e admiração diante desse ato divino, diante desse homem renascido e ressuscitado em espírito, e no seu corpo, pois ele vive num estado imperturbável e eterno de felicidade. Já conhecem a incerta e inconstante qualidade da felicidade que a sexualidade oferece. E o nosso espírito, que é eterno, *anseia pela felicidade e pelas alegrias eternas e duradouras!*

Neste nível de consciência temos a estranha experiência pela qual o ser humano precisa passar no momento da sua morte. Os que já estiveram "do outro lado", mas foram ressuscitados, contam que passaram pelo "Último Julgamento". No momento em que o espírito — o EGO — abandona o corpo mortal, as várias impressões acumuladas em seu inconsciente no transcurso de uma vida curta ou longa são liberadas e, de repente, ao mesmo tempo, penetram no consciente. Vemos toda a nossa vida passar diante dos nossos olhos como um filme, como uma peça de música presente em sua totalidade num disco de vitrola. Ainda assim, tanto a gravação quanto a vida, só podem ser experimentados *no tempo*. Da mesma forma como a agulha da vitrola passa sobre a superfície do disco do início ao fim, precisamos passar por nossa vida temporal do início até o seu término. Entretanto, por ocasião da morte, nos sentimos num estado em que a nossa vida não mais é percorrida como estando no tempo ou no espaço, mas como se estivesse *além* do tempo e do espaço, e na qual as experiências e as impressões penetram na nossa consciência simultaneamente. O homem "ressuscitado" sente esta condição enquanto ainda está na vida física, no estado físico. Ele precisa prestar contas com a sua vida, tal como o homem que acabou de morrer, como se ele estivesse para experimentar toda a vida mais uma vez, *não no tempo* mas *toda de uma só vez*. Da mesma forma, podemos apreciar uma paisagem lá de cima, em sua totalidade, sem termos de percorrê-la por inteiro a pé! Neste estado vemos tudo mais uma vez exatamente como os fatos ocorreram na nossa vida. Ao fazer essa experiência, não mais é possível, como era na vida real, ver tudo através de lentes cor-de-rosa, não mais é possível disfarçar os eventos ou inventar desculpas para nós ou para os outros. Nada disso! Temos de deixar tudo passar diante dos nossos olhos mentais exatamente como as coisas aconteceram e tornar a experimentar os fatos da nossa vida sem embelezá-los, sem disfarçá-los ou mascará-los. Precisamos ver os fatos de frente quer gostemos deles quer não; precisamos tornar a testemunhar e sentir todas as nossas ações em sua forma nua e crua, exatamente como elas foram. Também temos de reconhecer o que nos levou a praticar tais atos. Seremos confrontados com os motivos das nossas palavras e ações, e, como se diz na Bíblia, as ovelhas serão separadas das cabras, as ovelhas ficarão do lado direito e as cabras do lado esquerdo. Nós mesmos teremos de julgar tudo o que pensamos, fizemos e dissemos, e sofrermos o julgamento que ocorrerá em nós mesmos. Não somos julgados por um Deus exterior a nós, nós mesmos daremos o veredito. Mas neste nível de consciência a pessoa se liberta ao pagar todas as suas dívidas a todos os homens. O esforço para progredir não foi em vão. Valeu a pena sofrer tanto, pois todas as contas estão pagas. Os níveis de consciência das cartas anteriores já mostraram ao homem que atitude deve adotar diante de si mesmo e diante dos outros, aos quais, segundo os ensinamentos de Cristo, tem de amar como a si mesmo caso não queira que novo carma venha a se acumular. Ele já cruzou o grande limiar e nenhum guardião pode impedi-lo de prosseguir. Agora ele apenas dá uma olhada à sua vida e, livre de dívidas, se ergue acima de tudo, se ergue acima da Terra com todos os seus prazeres e sofrimentos. Mesmo que ainda não tenha conseguido livrar-se do seu corpo mortal, ele vê tudo de cima, como se flutuasse sobre este mundo, da mesma forma que o anjo acima da sua cabeça, acima do mundo. Ele vê claramente porque está neste mundo, vê o que Deus ainda quer que realize e faz tudo o que considera apropriado, no intuito de algum dia *terminar com crédito esta sua vida*. Não precisa mais ouvir a voz interior lhe dizendo o que ainda tem de fazer nesta vida, porque ELE MESMO TORNOU-SE ESSA VOZ INTERIOR! Não tem mais qualquer consciência; já não tem mais abalos de consciência, porque TORNOU-SE A SUA PRÓPRIA CONSCIÊNCIA!

No nível da décima terceira carta do tarô, o homem estava destruído como pessoa, e desperto no espírito. Ele compreendeu que o seu ego não é um ser material, isolado, mas que com a palavra "eu" ele indicava o espírito além da sua pessoa. Como resultado desse despertar, ele teve de começar a entender muitas coisas, em particular o que se refere à sexualidade. Fez isso no nível de consciência da décima quinta carta. Teve de aprender a transformar a energia sexual em força criadora. Em seguida, aprendeu a controlar e a transmitir essas suas forças criadoras.

Teve de aprender como se irradia amor a todas as criaturas vivas, tal como o Sol irradia luz e calor a cada criatura viva. Além do mais, esses novos poderes modificaram e transformaram o seu corpo; ele renasceu também no corpo e agora, no nível atual, vive a ressurreição perfeita.

Desta forma, o homem se livra do seu túmulo, da sua idéia errônea de que precisa viver aprisionado no corpo mortal, e vive a ressurreição enquanto ainda está nesta vida terrena. É certo que o seu corpo ainda mora no mundo da matéria, contudo a sua consciência já o transcendeu; já não é mais um ser físico, já não tem mais um eu pessoal — *um ego visível* — em vez disso, tornou-se um com o ESPÍRITO DO UNIVERSO que o libertou de seus erros. Ele experimentou o "casamento místico", a *unio mystica*. SUA CONSCIÊNCIA TORNOU-SE UNA E IDÊNTICA COM O DIVINO, IDÊNTICA COM O VERDADEIRO *SELF*. Ele também vê tudo às avessas, do "outro lado", de lá ele olha PARA TRÁS, visto que já cruzou o limiar. Sente que até agora os seus pés estiveram acorrentados ao solo, e sabe que por muito tempo foi impedido de se libertar. Agora as cadeias estão soltas, e foram tiradas. Pois mesmo que apenas existissem em sua imaginação, elas eram reais para ele. Por isso mesmo *esse era o motivo* porque eram uma *realidade* para ele. Agora nada o restringe mais. Ele desdobrou suas asas — que já estavam presentes sem que tivesse consciência delas, mas que não podia usar exatamente por isso — e voa na liberdade ilimitada do espaço, voa na eternidade atemporal.

A vigésima carta do tarô tem valor numérico 200, que consiste no número 20 mais o 0, símbolo do espaço ilimitado. Sua letra é RESCH.

Neste nível, o homem tem a percepção de que encontrou os dois mundos que buscou já no segundo nível e que não foi capaz de atingir. Sente-se à vontade nos dois mundos, nos dois sente o *próprio* mundo. Ele percebe que não existe tal coisa de "o mundo do além" e "este mundo". Os dois mundos formam uma unidade, pois este mundo *não existe* sem o próximo. Algumas vezes este mundo é uma manifestação bem imperfeita do próximo. *O Self do homem sempre esteve no mundo do além e sempre permanece lá, quer esteja encarnado quer não.* Sem espírito, não há VIDA na matéria. Agora o homem entende tudo o que a Grande Sacerdotisa ocultou dele deixando de abrir a cortina diante do escrínio. Não existe pluralidade, existe apenas uma única UNIDADE sagrada: DEUS.

Portanto, o homem obteve o desenvolvimento tão belamente descrito por Gustav Meyrink em sua obra, *Das grüne Gesicht* (o rosto verde): "Tal como Jano ele foi capaz de ver o outro mundo e ao mesmo tempo este, o nosso mundo, e foi capaz de distinguir claramente seus respectivos elementos componentes:

*er war hüben und drüben
ein lebendiger Mensch."*

[No aquém e no além
ele era um homem vivo.]

Na linguagem hieroglífica, RESCH significa a cabeça do homem, e segundo o simbolismo generalizadamente adotado significa "o retorno" ao mundo divino, tal qual o homem desta carta e deste nível que despertou no mundo divino, portanto, retornou para lá.

Carta 21 do Tarô

O BOBO

Valor numérico: 300
Letra: ש Shin

    Nesta carta vemos um ser extraordinário que parece peregrinar totalmente despreocupado vestido com uma roupa extravagante. Na cabeça usa um grande turbante, arranjado com listras bastante coloridas. A impressão que se tem é que a cabeça desse BOBO irradia essas listras. Vemos as cores mais importantes: amarelo, verde e vermelho e uma listra estreita branca. Sabemos que o vermelho indica a espiritualidade, o verde o bem-querer e o amor aos homens, o amarelo expressa as forças da inteligência, através da qual se manifesta o espírito, e o branco significa pureza. Sua jaqueta é feita com as mesmas cores, com acréscimo do azul, ou seja, a cor da devoção e da fé em Deus. A parte posterior da cabeça e o pescoço estão cobertos por uma espécie de roupa verde, de forma que não se pode ver nem o cabelo nem as orelhas. A face está descoberta: o BOBO não tem bigode, só no ponto em que termina a roupa verde é que podemos ver um pouco da barba marrom estreita que apenas emoldura o rosto. Na verdade não podemos ver o rosto. O rosto é desproporcionalmente grande se comparado com o tamanho do corpo. Não é um rosto, mas uma *máscara*. Contudo, a máscara também mal pode ser vista, pois o BOBO traz o rosto — a máscara na mão, levantando-a para o alto; ele já olha para mundos mais elevados, olha para o céu e não mais para a Terra. Portanto, só pode ver o rosto dele quem da mesma forma mantiver o seu para o alto.

    A vara de condão do Mago tornou-se aqui um simples cajado que o BOBO segura na mão direita. O cajado é vermelho, simbolizando a ajuda espiritual no caminho da romaria. Na mão esquerda ele segura um pequeno e estreito bastão, que se assemelha ao cajado. Embora o carregue na mão esquerda ele o atravessa sobre o ombro direito. Ele trouxe tudo o que tinha do lado negativo para o lado positivo. Do lado esquerdo nada mais resta; até mesmo a mão esquerda é mantida do lado direito. No bastão há uma trouxa dependurada. Nesta trouxa que pende do bastão verde ele leva todos os seus pertences. A cor da trouxa indica que o seu conteúdo também é espiritual.

    O BOBO usa uma meia-calça amarela e seus sapatos são marrons. Todavia, a calça foi rasgada por um animal extraordinário de tal forma que a nádega ficou à mostra. O animal ainda está mordendo a sua perna, mas o BOBO não toma conhecimento do fato, como se não sentisse nada. Ele continua no seu caminho, tranqüilo e despreocupado. Observa o céu, carrega a sua trouxinha e não dá atenção ao animal que o morde traiçoeiramente por trás. Tampouco se incomoda com os animais que estão à sua frente, à espreita. Por trás de um muro há um crocodilo esperando por ele. Mas ao que parece, o crocodilo tem medo do BOBO e não se atreve a agredi-lo.

Entre suas pernas tornamos a ver uma flor vermelha. Está aberta, mas com a coroa voltada para baixo, de modo que ninguém pode olhar para dentro do cálice. O Bobo não mostra mais os seus tesouros a ninguém.

Quem é este Bobo?

Este BOBO é o homem que atravessou os últimos degraus das possibilidades humanas de desenvolvimento e alcançou o degrau mais elevado. Sua consciência uniu-se com a consciência divina. Mas ao fazer isso, distanciou-se tanto dos seus semelhantes que nenhum homem mais o compreende. Como o ENFORCADO, ele já via tudo ao contrário, mas embora visse tudo às avessas, ainda assim observava tudo de um *ponto de vista* humano. Agora, depois de passar pelo limiar que separa os dois mundos, e depois de morrer no túmulo-cadinho derretendo os últimos traços de personalidade, morrendo definitivamente como pessoa, e ressuscitando, no entanto, como um ser celestial numa nova vida, não pode mais observar coisa nenhuma do ponto de vista terreno. Nem mesmo a própria vida terrena. Trouxe afinal tudo para o lado direito, trouxe tudo para o lado certo, o lado espiritual. Agora vê tudo a partir do ponto de vista divino e eterno.

Não mais vê qualquer diferença entre o finito e o infinito, entre o mortal e o imortal. Vê claramente — mesmo no que se refere a si mesmo — que apenas a forma muda, apesar de nada ter começo nem fim. Não existe nada que *possa morrer*. Não! *Mesmo que quiséssemos ou tivéssemos de morrer, não poderíamos morrer!* Não existe *a morte!* Há só vida eterna, transformação e rotação eternas. VIDA, VIDA para onde quer que olhemos! Um animal morrendo, uma planta ou um homem à morte apenas atingirão um ponto em que trocarão sua roupa terrena e receberão uma nova veste. O que vive — o *Self* — não pode morrer porque *nunca nasceu*. E o que nasceu, a matéria, o corpo, também não pode morrer, porque o envoltório material, o corpo, nunca teve vida independente, nunca viveu. O corpo de uma planta, de um animal ou de um homem vive só porque o espírito — o *Self* — encarnou-se nele e manifesta *a sua própria vida* através desse corpo. A matéria, o corpo como tal, não vive, e quando o *Self* abandona o corpo, resta apenas uma forma em decomposição, uma forma morta. Muitas pessoas têm pânico da morte: o Bobo tem tanto medo da morte como qualquer pessoa que se despe à noite tem medo de dormir ao ir para a cama. Acaso estará morto por que não veste mais suas roupas? Ou as roupas estão mortas agora e menos vivas do que durante o tempo em que a pessoa as vestia; mesmo que estivessem sendo usadas, não estavam vivas.

Elas apenas se adaptavam e imitavam os movimentos que seu usuário fazia ao vesti-las. Agora que o homem tirou as roupas, elas não se tornaram nem mais nem menos vivas do que já eram antes. O BOBO olha para a vida somente do ponto de vista divino. Como os homens podem entendê-lo, já que perseguem apenas a gratificação dos sentidos, do corpo, que acham mais importante do que qualquer outra coisa e que consideram o mais importante objetivo da vida? Para o Bobo nada disso tem a menor importância. Participa das atividades dos seus semelhantes na medida em que seja absolutamente necessário, pois não quer arranjar encrencas e sabe que tudo isso é totalmente destituído de importância; seja como for, ele vê nitidamente os homens, até mesmo os entende, pois sabe que no nível de desenvolvimento em que estão as pessoas comuns, elas *não podem deixar de ser como são.* No entanto, as pessoas não entendem o ponto de vista do Bobo. E este não entra em discussão. Não faz questão de ter razão, uma vez que sabe que *qualquer um neste nível de desenvolvimento está certo!* Trata-se de uma mera questão de tempo até essas pessoas que não o entendem no presente e o consideram um tolo, também alcançarem este nível, e também serem malcompreendidas e consideradas tolas por sua vez.

Os que ainda não conseguem entendê-lo sentem-se mal pelo fato de ele não dar quaisquer explicações sobre si mesmo ou discuti-las com eles. Eles querem ver o seu "rosto" e conhecer o seu caráter. E o que acontece? Essas pessoas não podem ver o seu ser verdadeiro, não há meio de permitir-lhes ter *insight* em seu verdadeiro ser. Elas nunca poderão segui-lo no seu mundo, porque ainda não seriam capazes de manter essas vibrações. Essas pessoas não fazem idéias de que o "seu" mundo de fato existe e de que ele é a realidade absoluta. Elas não sabem que o seu próprio mundo é um mundo ilusório, um mundo de sonho. Portanto, as pessoas primitivas mundanas não podem vê-lo em sua realidade espiritual, elas apenas vêem a parte que está visível no mundo material; elas apenas vêem como ele vive no reino da matéria e o que ele faz que seja visível e tangível. Portanto, elas só vêem o *seu lado puramente material.* Desde tempos imemoriais o lado material do homem tem sido simbolizado pelo órgão de excreção que serve para dejetar a grande matéria, as impurezas do corpo: o ânus. A parte animal dos homens primitivos que querem "morder" a carne viva do Bobo, simplesmente desnudam e tornam visível a sua parte posterior, seu lado puramente material. As pessoas curiosas só vêem *esta sua parte.* Elas podem observar quando ele se levanta, podem observar quando ele se deita, podem anotar o que ele come ou bebe e como se comporta exteriormente na sociedade ou no local de trabalho.

Tudo isso pode ser observado pelo homem maliciosamente curioso. Contudo, esse tipo de mortal não tem nenhuma percepção do seu ser espiritual. E, assim como os animais se afastam dos outros animais dos quais não gostam, também essas pessoas primitivas desejam afastar o BOBO. Então não serão mais capazes de vê-lo. Da mesma forma não podem ver CRISTO, só podem matar o seu corpo.

Então, quem tiver atingido a meta, precisa prosseguir quer os homens primitivos o "mordam" quer não. Essa pessoa sabe que sempre será a mesma e seja lá o que for que disserem ou pensarem a seu respeito, não *pode* nem *quer* mudar. Ela é como é! Ela é o que é! Há muito se esqueceu da vaidade! A vaidade, a inveja, o ódio e outros defeitos humanos pertencem a pontos de vista humanos. Entretanto, há muito tempo ela as vê apenas do ponto de vista divino. Continua desimpedida e despreocupadamente o seu caminho. E se este homem ouvir as pessoas chamando-o de BOBO por trás das costas, nem sequer se ofende. Por um lado, acha isso natural, por outro não consegue abrigar qualquer ressentimento e vive em paz com seus semelhantes. Sabe que eles são incapazes de pensar de outro modo. Ele os deixa sós, pois não se pode colher frutas que não estejam maduras da árvore, caso contrário *nunca amadurecerão.*

Esta carta não tem número, mas sua letra é SHIN que corresponde ao número 21 na cabala. O valor numérico 300 deve ter surgido do número 21 mais dois zeros. O número 3 com dois zeros, portanto 300, é obtido multiplicando-se o divino número 3 com o quadrado de 10, que é a plenitude da criação no universo. Esta carta não pode ser considerada isoladamente, e, portanto, não tem um número. Trata-se apenas da imagem exterior do homem cuja parte interior é simbolizada pela carta seguinte do tarô, a de número 22. Esta última carta, O MUNDO, mostra a natureza íntima do BOBO, seu estado interior de consciência. Ele não dá valor à riqueza e ao poder secular que os homens primitivos valorizam mais do que tudo, mas dá valor à riqueza espiritual, cuja própria existência os homens primitivos sequer conhecem! No entanto, ele é BOBO! Ainda assim, esse BOBO oculta *dentro de si* o que é revelado pela última carta, a divina ONICONSCIÊNCIA!

Apesar de esta carta não ser numerada, sentimos que ela é a vigésima primeira carta do tarô e que está ligada ao número 21 porque o valor numérico é 300 e a sua letra é SHIN. Esta letra é uma pedra angular do alfabeto. Segundo a cabala, Deus fez com que a letra SHIN regesse como um rei sobre o elemento Fogo. Portanto, é o fogo, o fogo do espírito do princípio criativo, do Logos. Moisés encontrou Deus num arbusto *ardente,* portanto, no fogo. De repente, ele viu que a vida — DEUS — se manifesta no mundo material como o fogo. Mas o espírito do fogo, que o fogo visível mundano manifesta, simplesmente *não* é em si mesmo este *fogo visível,* é a PRÓPRIA VIDA, é DEUS EM PESSOA! E Cristo disse na Bíblia: "Eu voz batizarei com fogo...". ELE, o Cristo, é o fogo e a VIDA. Ele mesmo disse: "Eu sou a vida." Se o nome do Deus impessoal, onipotente, consiste de todas as vogais e da letra H, através da qual Deus assopra a vida, o *Self*, para o homem, então obtemos o nome seguinte para Deus; IEHOUA (Yod He Vau he). Se inserirmos agora a letra SHIN, que significa o fogo da vida, no meio do nome do *Deus impessoal,* teremos a palavra IEHOSHUA. Este é o nome do *Deus pessoal,* do Deus encarnado. Pois na linguagem hebraica original o nome Jesus é Jehoshua. No Ocidente, ele é conhecido apenas por Jesus.

Podemos compreender a importância da letra SHIN porque ela é o fogo com o qual o Cristo, o *Self* superior, nos batiza, nos inicia na VIDA. Esta carta representa Cristo como homem!

O estado de consciência analisado nesta carta é fatal para homens imaturos. O homem maduro com sua percepção abrangente do *Self* torna-se idêntico a Deus neste nível, e vive segundo as leis divinas interiores enquanto ainda reconhece a existência das leis seculares. O homem imaturo, no entanto, carece da consciência abrangente, ele ainda não reconhece as leis divinas ou mesmo as mundanas. Ele perde o seu equilíbrio interior, cai no abismo, cai no vácuo, e, na língua das pessoas comuns, torna-se mentalmente doente. Esta carta significa o inferno para os homens imaturos; mas significa o céu para os homens maduros, para os homens-deuses.

A décima segunda carta do tarô, O ENFORCADO, está ligada com o número 30 (a soma dos dígitos de 12 é 3, mais o zero, símbolo do espaço ilimitado). Foi por 30 moedas de prata que Judas traiu Jesus! Esta carta, O BOBO, tem o mesmo número, mas assume um significado cósmico com o segundo 0, portanto com o número 300.

O ENFORCADO ainda *é um homem*, o BOBO é um homem-DEUS que já atingiu a consciência universal. Dá para vermos o vínculo entre o número 300 e a letra SHIN. Ambos denotam o homem divino.

O BOBO é um homem que SE TORNOU UM em sua consciência com o LOGOS, com CRISTO, com a VIDA!

Carta 22 do Tarô

O MUNDO

Valor numérico: 400
Letra: ת Tav

Olhando para essa carta, sentimos que existe algo de universal, algo cósmico representado aqui. No centro vemos uma bela mulher na qual reconhecemos a Rainha do Céu depois de suas várias transformações em Justiça, Amor, Equilíbrio e a belíssima mulher nua na figura das "Estrelas". Nesta figura ela está nua outra vez. Ela não precisa velar o seu corpo dos olhos mortais, porque agora está em sua terra natal, no universo no qual se sente em casa. Ela usa um pequeno manto azul com a qual simboliza a sua elevada espiritualidade.

Tem cabelo cacheado e loiro, dourado, o qual simboliza os poderes intelectuais; na mão esquerda ela segura duas varas de condão. Uma delas tem uma esfera vermelha na ponta, a outra uma azul. Já sabemos que essas duas esferas representam a carga positiva e negativa das duas varinhas mágicas. Tal como o Rei do Céu na quarta carta do tarô e o Enforcado, na décima segunda, a Rainha do Céu tem as pernas cruzadas. A cruz é o símbolo do mundo material. Como já afirmamos antes, ela é o aspecto maternal de Deus que rege sobre o lado material do universo; ela é a grande MÃE, ela é a NATUREZA. As varinhas mágicas são suas leis, que dominam e operam inflexivelmente através de todo o universo.

Ela está dentro de uma grande guirlanda. Trata-se da mesma guirlanda que vemos no chão da décima nona carta do tarô, envolvendo os dois jovens. Neste caso, a guirlanda indica o espaço cósmico infinito, trata-se do grande ZERO. Esta guirlanda é representada em algumas cartas do tarô, desenhadas e ilustradas pelos artistas, como a serpente que morde a própria cauda, por sua vez um símbolo da rotação e da infinitude.

Do lado de fora da guirlanda, vemos os quatro signos do Zodíaco: o leão, o touro, o anjo e a águia. Também conhecemos os quatro pontos cardeais do céu da Bíblia, os três animais e o anjo da visão de Ezequiel.* As mesmas quatro criaturas foram analisadas nos quatro cantos da Arca da Aliança.

Os quatro evangelistas também estão ligados a estes signos do Zodíaco: o leão se relaciona com Marcos, o touro com Lucas, o anjo com Mateus, a águia com João, e o escorpião redimido com Judas.

---

* Para saber mais, leia *Iniciação*, de Elisabeth Haich.

Esta figura simboliza o universo, o cosmo incomensurável. O homem que atingiu este nível tornou-se um com DEUS em sua consciência. Ele pode dizer o mesmo que Cristo disse na Bíblia: "Eu e o pai somos um." Ele é um homem-Deus. Sua posição diante de Deus não é mais dual: agora está em estado monístico com Deus. Ele não pode mais rezar para um Deus *exterior*, pois compreende que Deus só pode ser encontrado no caminho *interior*, no caminho para o Ego, nas profundezas do seu próprio ser. Este caminho começa com a percepção do homem do seu pequeno "ego" pessoal e sua crescente percepção deste "ego-aparente".

Em seguida, ele começa o processo gradativo de adquirir autoconhecimento e descobre que tudo o que até agora ele considerou como seu próprio *Self* era apenas um conglomerado de vários impulsos, instintos e desejos, *mais a razão*. Ele descobre que este pequeno ego pessoal nada mais é do que um "ego aparente" e que o seu verdadeiro ser está envolvido apenas na medida em que ele dá a este pequeno ego aparente uma vida individual. Quando o homem atinge o estágio onde ele compreende e se torna consciente deste fato, ele já renunciou em parte à sua identificação com este pequeno ego físico-material aparente. Ele cresceu em sua consciência e aproximou-se mais do seu verdadeiro ser, do seu verdadeiro EGO.

Sua luta interior continua e ele sobe cada vez mais alto em sua consciência, pela grande escadaria de Jacó. O destino o ajuda na medida em que lhe oferece experiências e provas que o aproximam cada vez mais de si mesmo, não importa o quanto essas provações lhe causem sofrimento e dor. Ele precisa aprender a ver cada vez mais o seu "ego" de cima, como se fosse um espectador indiferente. Ele passa por todos os níveis que aqui estão simbolizados pelas cartas do tarô e *se torna* seu próprio *Self superior*, transforma-se em seu verdadeiro SER. Não basta apenas *entender* essas verdades interiores *racionalmente*. Neste estágio ainda se está longe da *realização*, da *compreensão*. O homem tem de atingir o nível em que nada mais é, a não ser um ser nu e divino, inteiramente livre de qualidades físicas e materiais. Em qualquer posição e sob qualquer aspecto ele apenas pode ser ele mesmo, ele *precisa* ser autêntico, *porque não pode ser diferente*! Ele foi curado das perturbações da alma que são chamadas de inveja, cobiça, vaidade e sede de poder. Estas nunca foram virtudes do seu verdadeiro *Self*. Agora ele *precisa* e *só pode* manifestar virtudes divinas, porque ele *tornou-se divino*. Se viesse a se comportar como um homem comum, um homem individual a fim de não enfurecer os demais, ele viria depois a se desprezar a tal ponto, que de preferência se afastaria da sociedade para não ser sempre mal-entendido e continuamente obrigado a explicar as suas razões para ter dito ou feito isso. Contudo, esse não é o único motivo pelo qual uma pessoa se retrai no longo caminho rumo ao *Self*. Os órgãos sexuais deste homem já possuem um tal grau de sensibilidade que ele pode ver através das outras pessoas. E, no entanto, assim mesmo ele as entende e não lhes guarda rancor; ele sofre bastante ao observar os seus semelhantes destruírem a si mesmos, devido a uma forma errônea de viver.

Também sabe que se lhes disser a verdade centenas de vezes, eles o tratarão como trataram a Cristo, pois preferem caminhar celeremente rumo à própria destruição. Como não quer vê-los fazer isso, o homem vai embora. Mas seus órgãos hipersensíveis de percepção também lhe causam grande desgosto, porque ver os outros homens correrem, beberem, bem como os seus sons e cheiros representa uma tensão para os seus nervos delicados. Então essas pessoas se retiram da vida em sociedade, afastam-se dos seus semelhantes, a menos que Deus lhes tenha imposto o teste de *ter de viver com* outros homens a fim de cumprir sua tarefa. Como fazer isso é muito difícil na Europa, eles vão a outras partes do mundo e lá vivem como outros que também não podem mais suportar estar no mundo. Eu poderia lhes dar muitos exemplos, mas creio que isso é desnecessário. Sem contar com os que conhecem todos os buscadores por terem lido livros ou por terem ouvido falar neles, tais como Rama Krishna, Shivapuribaba ou Ramana Maharshi, ainda há vários outros, de menos renome, ou que muito poucos conhecem. A autora deste livro conhece vários casos de pessoas, tanto homens como mulheres ocidentais (por exemplo, damas da sociedade) que viajaram para a Índia, cortaram o cabelo e continuaram as suas vidas como insignificantes e modestos romeiros. Depois que encontramos essas pessoas e falamos com elas, e portanto sentimos a harmonia e a paz com as quais o homem civilizado nem sequer entra em contato, é óbvio o motivo pelo qual elas se afastaram do "mundo".

Ninguém tem o direito de criticar tais pessoas. Os padrões pelos quais vivem são diferentes dos nossos, pessoas mundanas. Elas já atingiram e têm inerente em si o estado do Enforcado e do Bobo. Estas pessoas não precisam mais de todas as coisas que o homem mundano ainda acha serem indispensáveis. Não precisam viajar para cá ou para lá, porque já reconhecem que o mundo é igualmente belo em todos os lugares se considerarmos o revelador por trás dele — DEUS — que está por trás de cada forma, que está presente em cada manifestação. Tal pessoa não precisa ir a museus e galerias de arte para ver belas representações das belezas deste mundo. Isso não significa que não aprecie os talentos e as revelações dos artistas. Não se trata disso, ela até valoriza muito mais as obras de arte do que o homem comum. Mas sabe que cada peça musical, cada pintura, cada estátua é simplesmente *uma manifestação parcial de uma parte do todo*. A menor das peças artesanais, tanto quanto as diferentes artes, são um dos caminhos rumo ao objetivo, rumo ao desenvolvimento da perfeição, rumo ao próprio *SELF*, rumo a DEUS. No entanto, essas pessoas não precisam mais disso, já alcançaram o objetivo; já se tornaram a perfeição, o todo, DEUS. Por que deveriam, então, manifestar só *uma parte*, se *já se tornaram o todo*? Moisés, Jesus, Buda e outros espíritos titânicos que alcançaram o objetivo não compuseram músicas, não pintaram quadros, não esculpiram estátuas ou, como Davi, dançaram diante do altar a fim de manifestar Deus. Essas pessoas sabiam que toda arte é manifestação divina, e emerge do coração humano segundo o estágio que o homem alcançou. Esses titãs, contudo, não precisam mais de manifestações parciais, já atingiram a meta, já se tornaram a fonte de toda arte, bem como a fonte de todo amor. E por essa mesma razão, eles próprios não sentem mais amor. O amor é o anseio pela unidade. Se, contudo, um homem se tornou UM com o universo, se já obteve a UNIDADE, como então ele pode sentir saudade da unidade? Essas pessoas já chegaram em casa, já moram com DEUS. Sua consciência tornou-se una com o SER.

A vigésima segunda carta do tarô tem valor numérico 400 que surgiu da soma dos dígitos do número 22, portanto o 4, multiplicado pelo quadrado de 10, portanto 100. Sua letra é TAV.

O número 4 tem oculta dentro de si a perfeição divina da criação, o número 10. Pois se adicionarmos os números de 1 a 4 obtemos o número 10 (1 + 2 + 3 + 4 = 10). O valor numérico 400, o número 4 com os dois zeros simboliza no misticismo numerológico toda a criação material, o universo inteiro com o Criador, com DEUS. O número 10 pode ser corretamente representado da seguinte maneira:

A mulher, o aspecto feminino de Deus, portanto Deus como Mãe, Ísis ou Kali, é o número 1 nesta figura e a guirlanda é o círculo infinito, o universo. Por trás da mulher que é o aspecto visível de Deus, a Natureza, também sentimos o aspecto masculino-feminino de Deus, a divindade invisível, inominada e irrevelada. Os cabalistas dão a esse aspecto de Deus o nome de EN-SOPH e os hindus de **PARABRAHMA**.

TAV tem o mesmo significado hieroglífico de DALETH — na quarta carta — e significa o útero. Dá para entender porque esta letra significa o homem que atingiu a meta. Ele atingiu as próprias profundezas, o ÚTERO da Criação. Ele alcançou o coração de Deus.

Esta letra é ao mesmo tempo o símbolo do próprio homem, visto que o homem é a finalidade e a perfeição de toda a Criação visível.

Conclusão

Tentamos descrever as vinte e duas cartas do tarô, os Arcanos Maiores, e os vinte e dois níveis de consciência tal como nos foram transmitidos pelos grandes "Iniciados" do passado em linguagem simbólica. Estamos convencidos de que os leitores deste livro reconhecerão nas cartas os seus próprios estados de consciência, quer os atuais quer os que sentiram no passado. Já se tornou uma rotina alguém com quem discutimos as cartas do tarô em alguma ocasião voltar a nos procurar anos mais tarde, contando que muito tempo depois de ter-se esquecido totalmente do assunto, subitamente sentiu um estado interior no qual reconheceu determinada carta, cujo significado só então ficou bem claro. Tem mesmo havido pessoas que, sem nunca terem ouvido falar dessas cartas, me contaram a respeito de um estado espiritual o qual, indubitavelmente, correspondia a alguma das cartas do tarô. Por exemplo, sentem o Enforcado, a Torre destruída por um Raio, ou mesmo a Morte. Muitas se vêem diante de uma Encruzilhada, ou sonham que estão deitadas num túmulo de onde se erguem outra vez. Na verdade, os "Iniciados" não desenharam aleatoriamente essas cartas, valendo-se de sua imaginação; eles reconhecem o fato de que determinado estado espiritual é revelado em cada homem através de uma imagem interior bem definida e idêntica. Muitas vezes essas imagens têm um efeito tão poderoso que são projetadas para fora, isto é, são vistas e ouvidas como se fossem experiências exteriores.

As cartas do tarô também se assemelham a certas imagens oníricas que se manifestam a várias pessoas de uma única e mesma maneira. Houve tentativas de interpretar essas imagens de sonhos repetidos com diferentes pessoas. Entretanto, ao interpretarmos as imagens que aparecem nos sonhos, encontramos algumas dificuldades essenciais. Em geral, os sonhos não mostram figuras de cartas individuais do tarô, antes revelam uma mistura de várias delas. Portanto, é impossível estabelecermos um esquema padronizado de interpretação para as diversas variações dessa mescla de imagens oníricas. Ao interpretarmos um sonho, é necessário interrogar o sonhador e analisá-lo a fim de obter certo discernimento quanto a toda a situação em que está envolvido. Só então será possível entender porque o inconsciente dessa pessoa produziu este sonho em especial, o porquê dessa mistura de imagens com que sonhou. As cartas do tarô são elementos básicos das imagens do sonho e não a sua mistura. E interpretar e explicar elementos básicos torna-se perfeitamente possível.

A finalidade dessas cartas, portanto, não é apenas melhorar e aperfeiçoar a nós mesmos, mas antes despertar a atenção e o interesse do especialista sério, do psicólogo despreconceituoso, e de abrir os olhos para esse magnífico legado que veio de tempos imemoriais. Moisés, um dos maiores profetas de todos os tempos, recebeu as figuras de grandes iniciados egípcios e as transmitiu como se fossem preciosidades religiosas ao seu povo, os judeus. Se Moisés valorizou tanto essas figuras a ponto de considerá-las um tesouro religioso, nesse caso o psicólogo dedicado certamente deve ser capaz de descobrir o seu profundo valor interior. Até há pouco tempo, o método de tratamento dos grandes médicos chineses, a acupuntura, foi desprezada pelos ocidentais. Hoje, no entanto, muitos médicos ocidentais que tiveram a coragem de experimentar algo que desconheciam, estão aplicando esses métodos com grande êxito. Portanto, os psiquiatras e psicólogos também deveriam interessar-se pelas cartas do tarô e descobrir nelas meios magníficos para analisar tanto pessoas saudáveis quanto pessoas doentes e, se necessário, também para restabelecer seus próprios estados psíquicos. As desordens mentais podem ser diagnosticadas pelos testes de Szondi, Wartegg, Koch e Rorschach. Da mesma forma, pode-se economizar tempo e trabalho analítico com a ajuda das cartas do tarô, visto que elas nos dão uma imagem da alma humana com grande rapidez.

Os níveis de consciência revelados pelas cartas do tarô são sentidos mais cedo ou mais tarde por todos os homens e estes experimentam invariavelmente condições que correspondem às figuras apresentadas nas cartas. Os níveis, contudo, raramente são sentidos em seqüência como acontece com as cartas. Na maioria das vezes, são percebidos aleatoriamente, fora de ordem, ou seja, na ordem em que se processa o desenvolvimento de cada pessoa. A vida tem muitos aspectos e o destino de cada homem é diferente; não nos desenvolvemos identicamente segundo padrões definidos. Um homem fica maduro sob certos aspectos mais cedo do que outro. É por essa razão também que a seqüência das experiências difere da seqüência das cartas do tarô. Há homens que ficam no mesmo nível por longos períodos, passando depois pelos outros em rápida sucessão. Outros começam seu desenvolvimento muito depressa, e experimentam os níveis de várias cartas em seguida, com muita rapidez, parando de repente durante longo tempo em determinado nível. Cada um de nós traz consigo um grande número de experiências de vidas passadas. Uma pessoa passou através de vários níveis em sua vida passada, outra fez menos experiências e terá de captar agora o que deixou de sentir no passado. É isso que explica as grandes disparidades que ocorrem entre os diversos indivíduos. Entretanto, é evidente que a primeira carta, o primeiro lampejo de consciência, precisa ser obrigatoriamente o início de uma série de estados de consciência. Sem esse impulso inicial rumo à consciência, o homem é apenas um animal acrescido da razão e não pode sentir os posteriores estados de consciência. Portanto, está claro que em cada manifestação, ele tem de estar consciente do seu *Self* e observar o que é *aqui* e *agora*. Ele precisa sentir a *presença* absoluta e o absoluto *presente*. Só depois disso é que ele pode sentir os próximos estados de consciência. *Estados de consciência* podem ser experimentados nesse caso só por alguém que já se tenha tornado *consciente*.

Por sua vez, outras cartas do tarô estão tão intimamente relacionadas, que precisam seguir-se umas às outras necessariamente. Portanto, alguns estados são sentidos na ordem em que estão as cartas do tarô. Por exemplo, depois que uma pessoa se transformou no esquife, conseqüentemente deve acontecer de ela erguer-se do túmulo e ser ressuscitada. Então, como estado interior, a vigésima carta do tarô tem de vir necessariamente depois da décima nona. Ou então tomemos o caso de uma pessoa que sentiu o verdadeiro "amor" desinteressado, portanto o maior e mais irresistível poder do mundo, visto que Deus é amor. Em conseqüência, essa pessoa tem de se tornar o Enforcado porque as outras pessoas continuam a ver tudo do ponto de vista egoísta, o ponto de vista dos que caíram do Paraíso, exatamente ao contrário daquela pessoa que agora vê o mundo a partir da luz do amor altruísta. No entanto, antes e depois desses estados podem surgir inesperadamente outros, que ocorreram muito tempo antes ou ocorrerão bastante tempo depois. E se o homem não estiver suficientemente maduro para senti-los, pode reagir de forma anormal. Nesse caso, experimenta essas "cartas" em estado "anormal". Por exemplo, pode ocorrer que seja sentido o nível de consciência da carta A Torre destruída pelo Raio. Algo acontece com essa pessoa que a afeta e nesse ponto, dos mais decisivos — o destino intervém exatamente nesse ponto porque ele é o mais sensível —, o fato a arruína moral ou financeiramente na sociedade, causando uma enorme confusão em toda a sua vida. Se essa pessoa ainda não passou pelo estágio representado pela carta A Roda do Destino no qual viu tudo, inclusive seu próprio destino, de um ponto de vista mais elevado e objetivo, pode acontecer de essa pessoa reagir de forma totalmente errônea ao ser atingida pelo golpe do destino. Ela perde a confiança em si mesma, deixa de acreditar em seu potencial e no das outras pessoas. Se, para piorar as coisas, ainda não atingiu o nível da décima primeira carta do tarô, então também ainda não conhece o amor universal como o maior poder. Ainda carece da força para entender e perdoar aqueles que talvez a perseguiram e que querem magoá-la. Provavelmente, ficará com ódio dessas pessoas e desejará vingar-se, o que pode dar início a uma longa luta. Ao fazer isso, torna-se ridícula e só consegue magoar-se mais ainda no processo.

Trata-se de uma antiga verdade egípcia que homens imaturos não podem rasgar o véu que cobre a misteriosa Ísis — a figura da segunda carta do tarô — caso contrário, eles perderão sua sanidade. O que ajuda um homem maduro a atingir uma maturidade ainda maior, e o "conhecimento", só torna os imaturos mais confusos e doentes. Se observarmos e nos preocuparmos com as pessoas, veremos que isso é verdadeiro. Somos todos diferentes, exatamente porque em termos simbólicos somos misturas das diferentes cartas do tarô. Contudo, pode acontecer de uma pessoa emocionalmente perturbada ou de algum neurótico recuperar de repente a saúde por fazer experiências profundamente comovedoras. Na verdade, tal pessoa sentiu, de repente, os estados de consciência que lhe faltavam — as "cartas" que faltavam. Suas divisões íntimas se fecham e assim ela é capaz de adotar o ponto de vista correto. É exatamente neste setor que um psiquiatra hábil pode usar as cartas do tarô a fim de efetuar suas curas. Só umas poucas experiências são necessárias para se reconhecer o profundo conteúdo e o significado interior dessas cartas. Em seu curso veremos com clareza em que nível uma pessoa está e qual o nível que talvez tenha atingido cedo ou tarde demais. O psiquiatra também verá qual é o próximo estágio que tem de ajudar essa pessoa a alcançar, a fim de preservar ou restituir-lhe a saúde e o bem-estar espiritual. Naturalmente, um psiquiatra com certa prática não só percebe o estado interior e todo o caráter daqueles que vão procurá-lo para obter ajuda, mas também até certo ponto o seu destino. Pois cada estado mental provoca o destino que reage com um golpe de sorte, o qual se destina a auxiliar o homem a atingir o próximo nível de desenvolvimento. O psiquiatra experiente, portanto, será capaz de dar alguns bons conselhos no que se refere ao futuro próximo do cliente.

Todos podem naturalmente usar essas cartas, examiná-las, reconhecer os próprios estados interiores no intuito de, se necessário, organizar a sua própria alma. Isso pode ser feito sem nenhuma conseqüência danosa e pode até mesmo ser bastante proveitoso. Deus se manifesta através de tudo, através dos cristais, das plantas, dos animais e através do homem, segundo o nível de consciência que este alcançou. Deus se manifesta não só através de coisas vivas, mas também de tudo o que existe, como através das cores e dos sons, das idéias e dos pensamentos, das letras e dos números, das leis físicas e matemáticas, dos astros e do átomo. Qualquer pessoa que veja a essência divina, a manifestação divina e as leis divinas em todas as coisas, é capaz de examinar e de se entrosar nas ciências "ocultas" às quais pertence o tarô. Uma pessoa madura verá e chegará a conhecer o fio divino que percorre todo o universo. Nela mesma terá uma revelação de DEUS, e se verá como um agente divino da manifestação. Em TUDO, nas ciências tanto conhecidas quanto desconhecidas, sempre encontrará DEUS.

O propósito deste livro é despertar o interesse no nosso próprio desenvolvimento interior e no nosso nível de consciência na grande escadaria de Jacó. Com a ajuda dessas maravilhosas cartas, que têm um profundo significado interior, cada homem pode olhar para sua alma e saber mais a respeito de si, desta forma aproximando-se de si mesmo — aproximando-se de DEUS. Portanto, estamos entregando na mão de cada pessoa uma ajuda maravilhosa na aquisição do auto-conhecimento!

Pois conhecer o *Self* significa o CONHECIMENTO DE DEUS!

Leia também

O TARÔ DE MARSELHA

Carlos Godo

O que são as cartas do Tarô? O que as faz diferentes das cartas comuns? Elas podem, realmente, predizer o futuro? Qualquer pessoa pode interpretá-las? Estas são apenas algumas das muitas perguntas que o público leitor costuma formular em relação ao misterioso sistema divinatório conhecido por Tarô.

Desde a época em que surgiu e se popularizou, o Tarô é conhecido principalmente como um sistema de adivinhação, um passatempo ou distração. Mas os ocultistas vêem nessas cartas, principalmente nas vinte e duas que integram os chamados Arcanos Maiores, alguma coisa muito mais importante que uma simples série de emblemas ou alegorias destinada à distração ou adivinhação.

O Tarô, mesmo sob o aspecto de um sistema de adivinhação, é hoje considerado um dos mais bem elaborados métodos que integram o vasto campo da simbolomancia — a adivinhação através dos símbolos. O sistema é válido. Tem inegável eficiência prática e resiste perfeitamente à análise a partir dos parâmetros teóricos da moderna parapsicologia, que estuda os mecanismos dos processos paracognitivos.

Num momento histórico em que os processos que estabelecem a ponte consciente-inconsciente aparecem como a grande alternativa para subtrair o homem da grande crise filosófica e psicológica que submerge a humanidade, um sistema como o Tarô merece ser considerado pelo que de fato ele é: um grande trampolim para mergulhar no inconsciente.

EDITORA PENSAMENTO

TARÔ ADIVINHATÓRIO

Os sábios da Antigüidade compuseram um livro, o *Tarô*, que ao lado de sua parte científica, oferece outra de cunho eminentemente popular. Sem exigir do leitor senão atenção e capricho, apresenta o Tarô um sistema adivinhatório, que pode responder às mais importantes questões da nossa vida, dando-nos uma orientação clara e firme.

Seu estudo, simples e prático, torna-se cada vez mais atraente, à medida que nele nos aprofundamos, constituindo, portanto, um agradável passatempo e um guia seguro para que possamos iniciar nossos passos em busca de um futuro mais feliz.

A arte do manuseio das 78 cartas que acompanham este livro é tão simples e clara que, em pouco tempo, o estudante interessado tornar-se-á um verdadeiro perito para desvendar o futuro, tomar as necessárias precauções e evitar os desagradáveis imprevistos que a vida, às vezes, nos apresenta.

EDITORA PENSAMENTO

O TARÔ DO ANTIGO EGITO

Doris Chase Doane e King Keyes

Neste livro, escrito por dois conhecidos mestres em Antropologia e Ocultismo, o leitor encontrará o modo de conhecer o próprio destino através dos "olhos que tudo vêem": as cartas do Tarô.

Afirma-se que os sumos sacerdotes do Antigo Egito aprenderam com as estrelas a leitura e interpretação do futuro com as cartas do Tarô. Nestas páginas, esse precioso legado, cujos segredos, durante séculos, ficaram circunscritos aos círculos fechados das confrarias de magos, videntes e alquimistas, torna-se acessível a todos.

Consultar as cartas do Tarô é usar uma esplêndida oportunidade para a investigação que a sua leitura nos proporciona. Do ponto de vista do desenvolvimento pessoal, o uso das cartas pode proporcionar ao leitor o aceleramento do seu progresso graças à orientação que, através das cartas, receberá a respeito de como deverá agir nas circunstâncias que se apresentam no seu dia-a-dia.

Com um mínimo de estudo, de prática e de pesquisa, o leitor logo se capacitará de que aplicar-se à leitura do Tarô pode proporcionar-lhe elevação espiritual e um novo estilo de vida. O fato de tornar-se um bom leitor das cartas do Tarô o manterá alerta e desenvolverá dentro dele um alto grau de sensibilidade mental, um fator positivo que poderá ser acrescentado a qualquer área da sua vida.

Como diz um mestre nas artes divinatórias, "O que o Tarô pode revelar só é limitado pela capacidade de entendimento da pessoa que dele faz uso".

EDITORA PENSAMENTO

OS ARCANOS MAIORES DO TARÔ

G. O. MEBES

De acordo com nossas pesquisas sobre literatura esotérica em diversos idiomas, o presente livro é um dos estudos mais profundos e mais amplos já publicados sobre os Arcanos Maiores do Tarô.

G. O. Mebes, mestre da sabedoria oculta, cujos ensinamentos são aqui transcritos, além de possuir uma vasta cultura e conhecimentos excepcionais, havia chegado ele próprio — segundo o testemunho de seus discípulos — a um alto grau de realização espiritual, que fez dele um dos maiores ocultistas de nossa época.

A excelência de sua doutrina, contudo, não impedirá que os que procuram nos Arcanos um simples meio para adivinhar o futuro, no primeiro contacto com este livro, fiquem desapontados. No entanto, à medida que procurarem estudar os Arcanos "em profundidade", eles também chegarão a uma melhor compreensão do entrelaçamento do Passado com o Futuro e a um maior desenvolvimento de sua intuição.

EDITORA PENSAMENTO

Editora Pensamento
   Rua Dr. Mário Vicente, 374
   04270 São Paulo, SP
   Fone 272-1399

Livraria Pensamento
   Rua Dr. Rodrigo Silva, 87
   01501 São Paulo, SP
   Fone 36-3722

Gráfica Pensamento
   Rua Domingos Paiva, 60
   03043 São Paulo, SP